Secularização

Introdução ao estudo sobre o Processo de Secularização.

Luiz Carlos Zubaran

DEDICATÓRIA

Aos meus companheiros de caminhada.
Aos lindos momentos que antecedem o shabat.
Aos "pintinhos nolixo" que amam esse momento.

.

Sumário

Resumo

O processo de secularização, prenúncio da passagem do período Medieval para o período Moderno da historia ocidental, estabeleceu-se como sendo a transferência dos centros de decisão e saber da vida religiosa para a vida laica. Este processo determinou-se pela retirada do domínio da Igreja Católica Romana do direito de estabelecer a circunscrição do dogma religioso da fé, alicerce de uma teologia estabelecida em função de um poder eclesiástico que dominara a metafísica durante longos anos na idade media principalmente pelo fato de a Igreja Católica Romana ser única herdeira do espólio Grego/Romano na tradição filosófica do ocidente. Podemos fundamentar este processo de 'passagem', em função de conflitos que radicalizaram posições mantidas em 'certo' equilíbrio durante o medievo. O conflito entre a Igreja Católica e o Estado Nacional nascente (o poder laico), a fragmentação da Igreja católica e no Campo específico da filosofia, a razão e o pensamento como alicerce de contraposição as teses de uma filosofia 'Realista'. Tanto do Estado Nacional a Igreja Católica, da fragmentação religiosa e da filosofia realista à razão e o pensamento, foram momentos que na sua radicalidade contribuíram para estabelecer um movimento que na sua síntese projetou o homem como referência à própria razão. Este trabaljo, tendo em vista esse pano de fundo tratará deste tema como segue: do conflito do estado nacional e da igreja católica, da fragmentação da igreja católica romana, da metafísica realista às origens do idealismo subjetivista, a origem do idealismo subjetivista à substancia realista contraria a substancia cartesiana. Com isto buscaremos entender que a solução apresentada por Descartes para o problema da substância então, projeta-se para as 'totalidades infinitas', e para a compreensão da infinitude da matéria, buscando se aperceber do quantitativo e relegando o qualitativo a parcela experiencial do sujeito, de fixar as propriedades da substância, a matéria. O que se pensa concluir sobre o processo de secularização, tendo Descartes como um de seus expoentes, se não o principal, é que a modernidade por esta via efetiva projeta a consciência do homem no infinito.

Resumen

El proceso de secularización, anunciando el paso de la Edad Media a la Edad Moderna de la historia occidental, se ha establecido como la transferencia de los centros de decisión y conocer la vida religiosa a la vida secular. Este proceso se determinó mediante la retirada del dominio de la Iglesia Católica el derecho de establecer la jurisdicción del dogma religioso de la fe, fundamento de una teología establecida debido a un poder eclesiástico que dominó la metafísica desde hace muchos años en la Edad Media, sobre todo porque de la Iglesia Católica romana es la única heredera de los bienes tradición filosófica griega / romana en el oeste. Apoyamos este proceso de "paso", debido a los conflictos posiciones mantenidas en equilibrio "derecho" durante la Edad Media radicalizados. El conflicto entre la Iglesia católica y la fuente Estado Nacional (poder secular), la fragmentación de la Iglesia Católica y en el campo específico de la filosofía, la razón y el pensamiento como fundamento opuesto de la tesis de una filosofía "realista". Tanto el Estado de la Iglesia Católica Nacional, la fragmentación religiosa y la filosofía realista a la razón y el pensamiento, eran momentos de su radicalismo contribuyó a establecer un movimiento que en su síntesis diseñó al hombre como referencia por la razón. Este trabaljo a la vista de estos antecedentes se abordará esta cuestión de la siguiente manera: el conflicto nacional del Estado y la Iglesia Católica, la fragmentación de la Iglesia Católica Romana, los metafísica realista a los orígenes del idealismo subjetivo, el origen del idealismo subjetivo a la sustancia realista al contrario de sustancia cartesiana. Con esto vamos a tratar de entender que la solución presentada por Descartes al problema de la sustancia a continuación, prevé que las totalidades infinitas ", y para la comprensión de la infinitud de la materia, tratando de darse cuenta de lo cuantitativo y relegando la parte de la experiencia cualitativa del sujeto , para establecer las propiedades de la sustancia, la materia. ¿Qué opinas sobre el proceso completo de la secularización, y Descartes como uno de sus exponentes, si no la principal, es que la modernidad de este los diseños eficaces a través de la conciencia del hombre en el infinito.

Palavras Llave; Palavras chave.

O processo de Secularização, Vida Laica, Igreja Católica, Protestantismo, Estado Nacional (o poder laico), Filosofia 'Realista', Filosofia Subjetivista, Totalidades infinitas, Descartes, Santo Tomas, Santo Agostinho, Platão, Aristóteles, substância.

AGRADECIMENTOS

àqueles que não compreendem.

O processo de secularização, prenúncio da passagem do período Medieval para o período Moderno da historia ocidental, estabeleceu-se como sendo a transferência dos centros de decisão e saber da vida religiosa para a vida laica. Este processo determinou-se pela retirada do domínio da Igreja Católica Romana do direito de estabelecer a circunscrição do dogma religioso da fé, alicerce de uma teologia estabelecida em função de um poder eclesiástico que dominara a metafísica durante longos anos na idade media, principalmente pelo fato de a Igreja Católica Romana ser única herdeira do espólio Grego/Romano na tradição filosófica do ocidente. Podemos fundamentar este processo de 'passagem', em função de conflitos que radicalizaram posições mantidas em 'certo' equilíbrio durante o medievo. O conflito entre a Igreja Católica e o Estado Nacional nascente (o poder laico), a fragmentação da Igreja católica e no Campo específico da filosofia, a razão e o pensamento como alicerce de contraposição as teses de uma filosofia 'Realista'. Tanto do Estado Nacional a Igreja Católica, da fragmentação religiosa e da filosofia realista à razão e o pensamento, foram momentos que na sua radicalidade contribuíram para estabelecer um movimento que na sua síntese projetou o homem como referência à própria razão.

Na busca de nos aproximarmos, de forma particularmente produtiva, do processo de 'secularização', com vistas à compreensão da passagem da 'Metafísica Realista' às origens do subjetivismo, intentamos estabelecer uma divisão deste ensaio em cinco momentos: o primeiro momento seria de estabelecer a base do conflito entre o Estado Nacional nascente e a Igreja Católica, conflito este que subjáz a discussão dos dogmas Agostinianos e Tomistas; o Segundo seria a aproximação da discussão Teológica que levará ao sistema religioso protestante; o terceiro e quarto momentos serão a passagem da Metafísica Realista às origens do subjetivismo cartesiano, e o ultimo momento, e para nos o mais importante, será o de estudarmos todos os passos estabelecidos para a concepção de substância, de Platão a Aristóteles, Santo Agostinho, São Tomás de Aquino a concepção de substância em Descartes. O que para nós se apresenta como fundamental neste ensaio diz respeito ao fato de que apesar de o processo de secularização aparentemente romper com a tradição filosófica e religiosa metafísica, existiu uma permeabilidade principalmente no que tange a concepção de substância, e que todo o processo metódico baseado na dúvida hiperbólica se fundamentaria ainda numa idéia de D'us. Na conclusão deste ensaio, buscaremos vislumbrar os limites da influência da Metafísica Realista sobre o Idealismo Subjetivo Cartesiano, via processo de secularização mesmo.

O Processo de secularização é para nos fonte das revoluções modernas e traz na sua esteira transformações no campo técnico científico, filosófico, como também religioso e metafísico, que produz o subjetivismo Cartesiano, e na sua esteira e por fim o idealismo Alemão. O cuidado que Marshall Berman teve no seu trabalho 'Tudo o que é sólido desmancha no ar de 1996', quando buscou se aproximar de um movimento tão vasto como o da modernidade, é para nós um aviso e prenuncia a necessidade de uma divisão como aquela que propusemos, sem negar, no entanto, interfaces possíveis dos capítulos, buscaremos enfatizar, resguardar no entendimento do que seja o processo de secularização o que seriam 'fragmentos' de outro devir, distante da metafísica Realista tratado e projetado na produtividade do pensamento. Mas como podemos resguardar um processo como este, intrincado, e para uma análise mais apurada, didaticamente dividido? Para tanto antevemos um fio condutor principal que se estabelece, para nós, como que sendo aquilo que de mais permanente podemos considerar, a substância mesma. Por definição, substância é o substrato que suporta as qualidades ou propriedades que lhe são inerentes e que são passíveis de permanecerem invariáveis aos câmbios e as mudanças

(*Ferrater Mora, 1957, p. 904*), de maneira que entender essa substância e as suas possíveis transformações de entendimento é o mesmo que entender o processo de secularização mesmo.

O processo de secularização expôs o que tenha sido a substância Aristotélica, a posterior compreensão do que tenha sido o entendimento da 'substância' Agostiniana e conseqüentemente o entendimento do que seja a 'substância' Tomista e, com isto, sobretudo a 'substância' realista estabelecida como concorrentes durante o período medieval. Para nós interessa a evolução do conceito de substância e a discussão acerca do que tenha sido a proposição de substância para Descartes. Interessa verificar a possibilidade de que a idéia de substância mantida no medievo tenha permanecido em função da possibilidade da filosofia Cartesiana ter sido permeável aos pré-conceitos de autoridade e precipitação, de outra maneira, ainda devemos considerar como deva ter sido tomada a questão da substância frente ao conceito de mundo em Descartes, o conceito e compreensão de '***res extensa***'.

O Conflito do Estado Nacional e a Igreja Católica

O processo de secularização teve como cena política principal o conflito entre o poder instituído da Igreja Católica e do nascente Estado Nacional. A duplicidade do poder, a 'autoritas', a mais alta autoridade, o pontífice: e o 'potestas temporal', o rei, estava fundamentada na 'teoria das duas espadas', de Santo Agostinho. A origem da teoria visava equilibrar o poder espiritual e o poder temporal delimitando a circunscrição de cada um, mas, sobretudo orientando esta circunscrição a uma autoridade divina. A concepção Agostiniana estabelecia, além do poder, o sistema hierárquico em que ele deveria operar, desta maneira, a autoridade do Papa em matéria religiosa era absoluta, assim como o poder do Rei sobre seus súditos também o era, de maneira que, como conseqüência, os reis atuavam como o braço secular da igreja e esta derramaria o poder religioso e a autoridade divina sobre o monarca. Estas premissas operavam conjuntamente desde que cada uma das partes (Reis e Papa) se satisfizesse dentro das suas esferas de poder, caso isto não ocorresse estaria rompido o equilíbrio e estabelecido o conflito. Com a embrionária formação dos Estados Nacionais, que a partir do século XI ocorreria na França e antes da Inglaterra, seria a resistência a Roma estabelecida pelos Reinos, nunca pelos Imperadores. O equilíbrio rompido pela atribuição do 'potestatis' ao Papado, faria com que os Reis, valendo-se do direito consuetudinário de origem germânica e de certos aspectos legais de origem romana, afirmassem seu direito e buscassem impor a sua autoridade. Com o desequilíbrio do poder estabelecido, na senda de uma modernidade ainda nascente e necessariamente no jogo dos poderes temporais, veremos o ressurgir do Direito Romano e a influência da tradição germânica que imporá uma prática jurídica e administrativa baseada na destruição das cidades feudais que contestassem o poder do rei, o apoio viria pela instituição das cidades licenciadas como bastiões fundamentais à garantia do poder real frente ao poder feudal representado pelas cidadelas feudais, pela cidadela mesma. Como exemplo mais ou menos evidente da instituição de cidades frente a um poder feudal teremos Portugal e Espanha, e mais o primeiro, que nasce como reino, herança dada ao Duque de Borgonha pelo apoio deste a guerra de reconquista da Espanha. Na afirmação da independência de Portugal lançara mão, o Borgonhês e seus herdeiros de instituições tais como: os Sesmos e as Presúrias, a instituição de Póvoas e Coutos de homiziados, todos os assentamentos perfeitamente regularizados e instituídos por suas cartas forais, tendo ainda cada um dos homens bons e livres o direito de portar espada. Teriam ainda a obrigação, cada cidade, assentamento ou Vila instituída por decreto real, do fornecimento de tropas guerreiras cada vez que se fizesse necessária a defesa do Rei. A legitimação de um processo de claro desequilíbrio e conflito de poderes dar-se-á primeiramente dentro da própria Igreja Romana. As teses de São Tomás de Aquino não tendiam de maneira nenhuma justificar o poder dos Reis e alavancar a destruição da ordem feudal. Todavia é realmente São Tomás que contribuirá para este fato e vemos a complexidade das teses Tomistas na tentativa de resguardar a unidade da multiplicidade, tal como Châtelet, 1985 diz:

Rompendo com a perspectiva segundo a qual a cidade dos homens é diretamente de instituição divina e ligada ao pecado original, Tomás estabelece que ela é - na ordem da criação - um fato natural. Se D'us quer que os homens vivam em sociedade, disso resulta que o poder cujo objetivo é assegurar a unidade de uma multiplicidade, é uma questão humana que faz parte do plano mais geral da previdência e não de um desígnio singular de D'us ou de seu representante. (Châtelet, François, 1985, p.33).

Seguindo a trilha estabelecida pelo Tomismo, antevemos o interstício aberto essas teses, na medida em que, estabelecida no plano geral da providência, a razão divina delega à possibilidade de sob a proteção de um fato natural, na ordem da criação, o homem ser provisionado de parcela desta razão divina como uma missão da unidade dentro desta ordem natural. Se a razão divina não se determinava em desígnios singulares, a razão humana a teria como elemento balizador que levaria em conta tanto as vontades coletivas dos cidadãos bem como do direito da unidade diretamente inscrito na natureza humana. É este humano manifesto que demarcará a sua circunscrição na medida em que se ligando a tradição grego aristotélica e romana, por outro lado também se ligará aos ensinamentos de Moisés, principalmente quando buscar estabelecer uma constituição misto de aristocracia, monarquia e democracia. A trilha Tomista que antevemos como base fundamental para o rompimento da tese agostiniana 'das duas espadas' e que teria como elemento balizador prescrições 'divinas' que levariam, nem tanto em conta as vontades coletivas e o direito inscrito da natureza humana, deve necessariamente ser espraiada em função das 'Lex Aeterna'; 'Lex Naturalis'; 'Lex Humana'; e 'Lex Divina'. Com isto conseguimos necessariamente compreender o significado do termo prescrições como algo que se estabelece acima, como elemento balizador de qualquer atitude. Se para Tomás 'o homem é natureza racional', esta por sua vez não é uma natureza que não sirva aos desígnios fundamentais da sua filosofia, e para tanto identifica, necessariamente, a liberdade como a raiz de todo mal.

Nesse contexto o problema do mal assume outras conotações. Se Deus não existe, então o bem não se explica. Mas se Deus existe, de onde vem o mal. Para a filosofia antiga, como o bem é o ser o mal é o não ser, a matéria que se rebela contra a forma ou contra a ação plasmadora do Demiurgo (Platão). E a matéria que é o princípio do mal nasce de uma fonte distinta do bem. Já Tomas, para quem tudo provem de Deus, coloca o problema do mal (físico e moral) em um contexto diferente. Sua raiz se encontra na contingância do ser finito, que explica as mutações e a morte, bem como a liberdade da criatura racional que pode não reconhecer a sua dependência de Deus. A moral não é causada pelo corpo. Não é o corpo que faz o espírito pecar, mas é o espírito que faz pecar o corpo. O mal moral não significa diminuir o papel da racionalidade, como para os filósofos gregos, não se identificando com o erro. O mal é desobediência a Deus, é rejeição da dependência fundamental em relação ao criador. A raiz do mal está na liberdae. (Reali, Giovanni, 1990: 572).

Se é a liberdade para Santo Tomás a raiz de todo o mal, como podemos ver, se não como conflito radical, a contraposição aos valores bem demarcados pela Igreja Romana da instituição de um potentado que prescinda dos mandamentos da Igreja e da tradição moral e estabeleça a sua 'liberdade' institucionalizada no uso da violência sem ao menos recusá-la em parte? O estado como fundação absoluta determinou-se como ruptura e qualquer que seja a tentativa de estabelecer um 'continuum' entre a antiguidade, a idade media e os tempos modernos será a obra do secretário florentino ruptura decisiva. É Maquiavel que estabelece a definição de estado como poder central soberano, e é ele que o determina como o poder se realiza pela laicização da 'plenitude potestatis'.

> *Essa afirmação da originalidade absoluta do estado e da autonomia do político, funda-se no conhecimento que se pode obter tanto das repúblicas e dos principados modernos quanto da historia política da antiguidade. Em seus discursos sobre a primeira década de Tito Lívio (1512-1519) Maquiavel deduz os ensinamentos trazidos pelo devir dos romanos, ensinamentos tão sérios quantos os que se pretendem extrair da interpretação dos textos sagrados: As regras que presidem o governo e que tem a mesma natureza das leis que governam o movimento das estações e nada tem a ver com qualquer tipo de dever moral (Châtelet, François, 1985, p. 38).*

É a ausência do dever moral que conflita diretamente com a instituição eclesiástica e a liberdade levada a termos absolutos com Tomás de Aquino. A figura assim demarcada como o Príncipe teria em suas mãos o *'ato que é o de um legislador que define, de uma vez por todas, o que é justo e o que é injusto, e o pleno exercício do poder'* (Châtelet, François, 1985, p.39). Mas a significação do que seja a ação do Príncipe iria ser sita como mais adiante, indicamos:

> *A significação do 'O Príncipe' é de outra amplitude: trata-se, antes de mais nada, de mostrar que - se quer o*

poder - é preciso querer a onipotência; que essa exige não apenas um ato de fundação absoluta, mas também uma resolução que não admite nem fraquezas nem compromissos; que as condições morais e religiosas devem ser afastadas do cálculo através do qual se estabelece ou se mantém o Estado; que as coisas não são assim ainda em maior medida porque o Príncipe é senhor da legislação, porque define o bem e o mal públicos e, por conseguinte, no que se refere às questões publicas, nem ele nem os cidadãos devem se valer dos ' mandamentos' da Igreja ou da tradição moral; que, nessas mesmas questões, a recusa da violência é uma tolice e que de resto, cabe distinguir a violência 'que conserta' daquela 'que destrói (Châtelet, François, 1985, p.39).

Quando apresentamos as duas posições, extremamente divergentes, como as do secretario florentino e do discípulo de Alberto Magno, vimos que, para São Tomás, a contingência e a liberdade seriam as raízes do mal e para Maquiavel elas seria elementos que levariam a efetivação do desejo do Príncipe, o Estado e o Poder.

O problema que se coloca então é o de que na laicização da metafísica, realista, quando então sob a égide, sob a 'proteção' da Igreja Católica, revela a assimetria dos planos de um saber racional baseado em evidências lógicas e o plano doutrinário, teológico, orientado pela moral e baseado na fé como revelação luminosa de irredutível certeza. Retomando a contraposição no plano doutrinário dos dois projetos, é relevante a posição enunciada por Gadamer acerca da 'querelle des anciens et des modernes' e que vislumbra mais do que a duplicidade das posições da metafísica tradicional versus o pensamento moderno:

> *No es por lo tanto casual que ya uno de los primeros trabajos de Leo Strauss, el que trata de Die Religions Kritik Spinozas (1930), se ocupe de esta querella. Toda la abrumadora obra de su vida de erudito esta consagrada a la tarea de desarrollar esta querella en un sentido nuevo y más radical, esto es, de oponer a la moderna autoconciencia histórica la luminosa bondad de la filosofia clasica. Cuando Platón se pregunta por el mejor de los estados, y cuando incluso la amplia experiencia politica de un Aristóteles sostiene el rango preferente de esta questión, esto se aviene mal con el concepto de la politica que domina el pen samiento moderno desde Maquiavel' (Gadamer, Hahns Georg, 1984, p.629 - 630).*

Com esta citação, gostaria de ressaltar a disposição de não acolher qualquer das teses modernas de Estado, e seria ainda correto afirmar que nos movemos para a idéia de catástrofe da era moderna. De outra maneira, quando nos aproximamos da pergunta de Platão acerca do melhor dos Estados, e quando Aristóteles sustenta uma pergunta similar, nos damos conta que o filtro que determina a possibilidade da questão direciona-se à distinção entre o justo e o injusto, coisa que não ocorre necessariamente quando da consideração do tipo de estado moderno proposto por Maquiavel. Por Outro lado, o que irrompe dos dois projetos, da Metafísica Realista da Igreja Católica versus a laicização do poder consubstanciado em Maquiavel, projeta uma mudança de atores políticos, sem que, no entanto, a base conceitual metafísica seja transformada. As tentativas de mediação impetradas por Tomás de Aquino, Boaventura e Escoto, da fé com os elementos Aristotélicos ou Agostinianos, estabelecidas através de elaboradas arquiteturas metafísicas, pareciam inúteis e danosas para o Laico Poder do Estado.

O mal deixava de ser, como para os gregos, o não ser ou o ilimitado, ou a contingência tomísta para determinarem-se quando contrário a vontade singular do Rei, a vontade da unidade no poder, que não deteria mais o balizamento da natureza racional como égide da razão divina. Desta feita, se a Metafísica Realista era necessariamente contrária às teses seculares e laicas, a solução deveria se projetar-se na construção de outra metafísica de um caráter laico determinado.

Se neste capítulo, primeiro, não buscamos, aparentemente, mais do que estabelecer uma descrição histórica do processo de secularização, é necessário identificar destro de este processo de argumentação os princípios balizadores da passagem do sistema pensamento racional grego, para o católico religioso para então retornar ao sistema racional em si, voltados e vinculados a formação do Estado nacional, o que levaria a identificação do sujeito como que sendo um passo adiante da racionalidade, desta vez subjetiva.

A escolha efetiva dos materiais que buscaram demonstrar, ainda que em linhas gerais essa passagem e como ela se deu efetivamente tendo em vista a mudança de foco relativamente a balança do sistema pensamento que haveria de retornar a condição de tratar a razão, ela mesma pelo viés subjetivo, isto tudo compromete o leitor na busca de lembrar a perspectiva indicada na introdução, com vistas a construir junto ao texto, a argumentação teórica de passagem e justificação do processo de secularização, que em nenhum momento significa 'processo de laicização'.

A FRAGMENTAÇÃO DA IGREJA CATÓLICA ROMANA

O processo de secularização constituído na renascença e na reforma, ambos como produto da poderosa corrente de individualismo e de laicização, que nos séculos XIV e XV tantos danos causaram a ordem estabelecida, e que representaram uma ruptura violenta com o feudalismo tiveram no nacionalismo nascente o real ponto de alavancagem. Essa fragmentação ocorreu efetivamente a partir do suposto 'liberalismo religioso' e da recrudescida postura da filosofia racionalista. Frente a isto, a reação da igreja se deu de maneira vigorosa enquanto o poder temporal entrou em luta direta e aberta com o papado (Maluf, 2010, p. 131).

Antes disto, um dos episódios que assinalaram esse conflito foi o aprisionamento do Papa Bonifacio VIII pelo rei de França, Felipe o Belo no século XIV e a posterior transferência do papado para Avinhão.

A volta do papado para Roma em 1377 não restaurou o prestigio da Santa Sé, dado o grande Cisma com dois papados simultâneos. Mais do que isto, internamente a igreja, havia também o embate filosófico e teológico, sobretudo. Tendo dois papados em conflito por um lado haveriasmos de entender que a igreja católica também convivera com dois sistemas de pensamento na Igreja Romana, o sistema Agostiniano e tomista, necessariamente vinculados ao sietam pensamento grego sistemático, fundados em Platão e Aristóteles.

Essas duplicidades relacionadas ao pensamento e ao lócus e ao poder em conflito mostraram a robustez da igreja que se fechava em si mesma, tendo em vista o pensamento que produzira. Ignorava, no entanto, a Igreja católica, a formação do pensamento fora de seus muros, a própria condição de existência dos livres pensadores. Mas antes de mais nada eram dois os sistemas dentro da Igreja Catolica em embate, o sistema Agostiniano e o sistema Tomista.

O EMBATE ENTRE OS SISTEMAS AGOSTINIANO E TOMISTA

No capitulo precedente enunciamos rapidamente os dois Sistemas diferentes que haviam se desenvolvido no seio da igreja católica. O primeiro deles, formulado pelos seguidores de Santo Agostinho, baseado nos ensinamentos das 'Epistolas de São Paulo', presumia um D'us que, onipotente, descortinava todo o drama do universo. Concebia desta maneira a natureza humana como corrupta e depravada e desta maneira o homem dependeria inteiramente de D'us como 'ser' capaz de preservá-lo do pecado. Era uma teologia acomodada a época da desintegração do mundo clássico, que inclinava os homens ao fatalismo e a morte.

O sistema Tomista diferia substancialmente do precedente na medida em que previa o homem como que dotado por D'us de uma capacidade racional que o permitia escolher o bem e evitar o mal.

O homem, no entanto não poderia fazer uma escolha completamente sem o auxilio de D'us, e desta maneira os sacramentos entrariam como meios indispensáveis para alcançar a graça de D'us. Era um sistema teológico que restaurava no orgulho na condição humana e por meio do *'orgulho'* traria a possibilidade de um *'arbítrio livre'*. A duplicidade Tomista entre a livre tendência para o 'bem' e a inefável tendência ao 'mal', ocorreria no limiar do período moderno. A tomística, assim, abriria a possibilidade da ascensão do individualismo, mas seria a teologia de Santo Agostinho, que para Lutero e para seus adeptos, pareceria a mais lógica interpretação da fé Cristã.

ARGUMENTAÇÕES TEOLÓGICAS

Foi com as teses protestantes que se instalou a discussão teológica que levaria a fragmentação o catolicismo Romano. Em 1517 é o teólogo Karlstands que expõe as suas teses:

Abril de 1517: o teólogo Karlstands expõe 151 teses de inspiração agostiniana, segundo as quais tudo o que provém da natureza é essencialmente mau e que a salvação depende apenas da ascese individual e da graça de D'us (Châtelet, François, 1985, p. 40).

As teses do teólogo Karlstands expunham a duplicidade necessária entre a malignidade da natureza e o advento da individualidade confirmada por um esforço individual (uma ascese individual), como o único esforço possível em direção a D'us. No mesmo ano seguiriam as teses luteranas:

> *Outubro de 1517, Martinho Lutero expõe 91 teses, onde denuncia o tráfico de indulgências por Roma, que obtém assim consideráveis ganhos materiais e exerce sobre seus fiéis uma pressão moral iníqua (Châtelet, François, 1985, p. 41).*

A argumentação teológica estabeleceu-se como um retorno ao cristianismo primitivo, à palavra do Evangelho e ao Cristo, e denuncia a idolatria romana que substituirá o amor de D'us pela adoração de imagens e por rituais. Relembra desta maneira O dogma agostiniano, cuja essência da religião seria a Fé da criatura em seu criador. E a relação profunda e imediata que forma a base da cidade Cristã, que é a comunidade da caridade, à ordem da fé, divina e insondável, adquirida pelo caminho da interioridade. Mas como podemos entender mais precisamente o caminho da interioridade de Santo Agostinho?

> *Aqui, já estamos bem distantes do intelectualismo grego, que só havia deixado um escasso espaço para a 'vontade'. Por isso, é com razão que]...['Em Agostinho, o problema do Eu nasceu de sua combativa religiosidade:*

o ponto de partida é dado pela dramática laceração de sua interioridade, que tão longamente o fez sofrer, e pela contrariedade de seu querer que ele só superou abdicando completamente à própria vontade em favor da vontade nele exercida por D'us (Reale, 1990, p. 438).

Mais adiante Reale completa:

'(...) a novidade está sobretudo no fato de que, para Agostinho, o homem interior é imagem de D'us e da Trindade. E a problemática da Trindade, centrada precisamente nas três pessoas e em sua unidade substâncial e portanto na temática especifica da pessoa]...[Agostinho encontra no homem toda uma serie de tríades, que refletem de vários modos a Trindade] (Reale, 1990, p. 439).

E mais adiante Reale destaca uma passagem essencial da 'Cidade de Deus' que diz:

Embora não sejamos iguais a Deus, estando aliás infinitamente distantes dele, no entanto, como, entre as suas obras, somos aquela que mais se aproxima da sua natureza, reconhecemos em nós mesmos a imagem de Deus, ou seja, da Santíssima Trindade, imagem que ainda deve ser aperfeiçoada para aproximar-se sempre mais dele. Com efeito, nos existimos, sabemos que existimos e amamos o nosso ser e o nosso conhecimento.

Em relação a essas coisas, nenhuma sombra de falsidade nos perturba. <u>Elas não são coisas que existem fora de nós e que conhecemos por algum sentido do corpo</u>, como acontece com as cores quando as vemos, com os sons quando os ouvimos, com os odores quando os cheiramos, com os sabores quando os provamos, com as coisas duras e moles, quando as tocamos, cuja imagem nós esculpimos na mente e, por meio delas, somos levados a desejá-las. Sem qualquer representação da fantasia, eu estou certíssimo de ser, de me conhecer e de me amar. Diante dessas verdades, eu não temo os argumentos dos acadêmicos, que dizem: E se estiveres enganado?' Se eu estiver enganado, isso quer dizer que existo. Quem não existe, não pode se enganar; se eu me engano, logo, por isso mesmo eu existo. Assim, como eu existo à medida que me engano, como posse me enganar acerca de meu ser, quando é certo que eu existo à medida que me engano? E como eu existiria se me enganasse mesmo na hipótese de que me enqane, não me engano no conhecer que existo. Daí, segue-se que nem mesmo no conhecer de conhecer-me não me engano. Com efeito, assim como conheço que existo, também conheço que me conheço. E, quando amo essas duas coisas (o ser e o conhecer-me), acrescento a mim, cognoscente, esse amor como um terceiro elemento, de não menor valor. E também não me engano no amar-me a mim mesmo, porque não posso enganar-me naquilo que amo. E, ainda que aquilo que *amo fosse falso, seria verdadeiro que eu amo coisas falsas, mas não seria falso que eu amo (Santo Agostinho, in Reale, 1990, p. 439).*

Ao citarmos esta longa passagem, para nós fica clara, a duplicidade útil da interioridade agostiniana versus as *'coisas como as que existem fora de nos' (Reale, Giovanni, 1990, p. 439)*. Para o protestantismo e a laicização /secularização da metafísica, mesmo quando fundamentando *'a critica moral]...[com o alvo a corrupção generalizada do alto clero, mais preocupado com o poder, com o luxo e o bem-estar temporais do que com a piedade e a caridade]' (Châtelet, 1985, p. 41)*. A crítica feita à Igreja Católica no uso da violência moral e material estabelece-se diretamente à Igreja como constituição política que 'desconhecia os fundamentos do cristianismo primitivo em detrimento de outro cristianismo, que faz da comunidade cristã uma instituição hierarquizada, submetida a um formalismo jurídico especifico, determinado e rígido. Para Lutero a contraposição às instituições hierarquizadas da igreja católica estaria na compreensão do Evangelho, sobretudo.

(...) la Biblia]...[el libro sagrado que se leía ininterrumpidamente en la iglesia, pero su comprensión estaba determinada por la tradición dogmática de la iglesia, y según la convicción de los reformadores quedaba oculta por ella (Gadamer, Hans Georg, 1984, p. 226).

A necessidade de compreensão do Evangelho ocorreria pela experiência bíblica em toda a sua intensidade e pela necessidade de vivência pelo caminho da interioridade enunciada por Agostinho. Isto posto implicava em dois movimentos principais que se projetavam; primeiramente a possibilidade de uma exegese nos textos bíblicos em Hebraico e Grego que purificassem o texto em Latim, levando a um segundo movimento de tradução para o Alemão dos mesmos textos bíblicos, mas sobretudo instituindo a missa em alemão, contrariando a obrigatoriedade de ministrá-la em latim. Lutero, desta feita, muito a gosto dos príncipes alemães, afirmava a completa separação entre o reino de D'us e do mundo, levando ao pé da letra a afirmação: 'Meu reino não e deste mundo'.

Esta separação seria tão radical como a que existe entre a Alma e o Corpo na Criação: o primeiro é de liberdade, de graça e de misericórdia; o Segundo, de servidão, cólera, rigor e castigo. Enquanto a Alma depende apenas de D'us, o corpo - envolvido por natureza no pecado - deve ser submetido, contido, punido pela providência Divina, de acordo com os caminhos por ela escolhidos; a ordem temporal dos poderes. Desse modo, o cristão — cuja alma é livre na graça de D'us deve obedecer às decisões dos príncipes e os golpes da história e da sociedade, já que eles fazem parte do castigo da culpa e fortificam a alma ávida de salvação (Châtelet, Frangois, 1985, p. 42).

A reforma Luterana buscaria resgatar o cristianismo primitivo resguardando a individualidade e o poder laico. Se abre assim, com vigor, um importante capítulo no pensamento político moderno, capítulo este que determinaria outro padrão de exigências morais quando do confronto entre comunidades religiosas e o Estado enquanto potência laica. As argumentações teológicas em favor do Protestantismo expuseram um conjunto de teses contraditórias, sobretudo com relação ao prejuízo que se projetou sobre o ser humano em si, o proprio respeito humano:

> *'La ilustración considera por ejemplo que la gran gesta reformadora de Lutero consiste en que el prejuicio del respecto humano, y en particular del papa filosófico (se refiere a Aristóteles) y del romano, quedé profundamente debilitador' (Gadamer, Hans Georg, 1984, p. 345).*

Ao enunciarmos estas teses contraditórias, fica evidente este prejuízo e essas teses são determinadas como segue:

1. Em favor da lógica argumentativa da purificação do corpo da Igreja Romana, como maneira de propugnar um retorno ao cristianismo primitivo.

2. A contraposição ao Estado Laico seria determinada tendo em vista uma teologia do tipo Patrística Agostiniana.

3. Do advento da Supremacia da Individualidade como fruto

direto do Tomismo, mas principalmente quando da circunscrição de esferas de poder nem tão perfeitamente determinadas quando da limitação da ação do Príncipe e dos Pastores protestantes; ao primeiro a autoridade absoluta do estado, ao segundo a autoridade religiosa projetada a interioridade e à Fé como único meio de salvação.

O processo de secularização, confrontado a esta realidade múltipla ocorreria tendo em vista , marchas e contra marchas, banhadas em sangue e de um processo aguerrido, do qual emerge a individualidade. Esta individualidade, fundamento do processo de secularização mesmo projeta o homem como cimento de ela, e isto vemos tendo em vista as teses do teólogo Karlstands que expunham a duplicidade necessária entre a malignidade da natureza e o advento da individualidade, o que confirmava a necessidade de existência de um esforço individual que por sua vez levaria também a uma ascese individual, o conhecimento de deus como algo inerente ao esforço humano e nunca relativo a uma condição estrutural e institucional.

O aspecto mais simplista e amplamente indicado à necessidade da critica a igreja católica esteve fundado, primeiramente nas 91 teses, onde Martinho Lutero denunciava o tráfico de indulgências efetivado por Roma. A argumentação teológica estabeleceu-se como um retorno ao cristianismo primitivo e a *novidade está sobretudo no fato de que a adoção da filosofia e teologia de Santo Agostinho vinculava a ideia do homem interior a imagem de D'us. Por isto, se existimos, sabemos que existimos e amamos o nosso ser e o nosso conhecimento tendo em vista um devir determinado em Deus, fonte e proveniência da verdade.* Por isto o protestantismo e a laicização /secularização da metafísica, estará fundado em uma visão *critica e moral da igreja e da sociedade e por isto, uma contraposição determinada ocorreria tendo em vista* às instituições hierarquizadas, mas que resgatando o cristianismo primitivo resguardavam a individualidade mesma e o poder laico, sendo ele proteção e protetor da reforma e do individualismo que nos levaria ao subjetivismo.

DA METAFÍSICA REALISTA AS ORIGENS DO IDEALISMO SUBJETIVISTA

O processo de secularização expos um embate que constitui-se ao longo dos séculos. Desde os gregos, no tempo de Parmênides, Heráclito, Platão e Aristóteles, nasce a filosofia, e o sistema pensamento resultado, pela primeira vez, encontra problemas virgens, que não haviam sido atacados tendo em vista a própria condição de desenvolvimento advinda do pensamento mágico, mântico divinatório. O Pensamento Grego é, pois um pensamento espontâneo, que trabalhava com o descobrimento feito pelos pitagóricos e geômetras gregos até chegar em Platão e as sua dupla navegação e a Aristóteles , seu discípulo. O pensamento que nasce do processo de secularização, rompe com a visão de realidade proposta pelos gregos e, sobretudo o pensamento de Descartes e dos homens do século XV e XVI, mudam o vetor de asnalise que antes era projetado a natureza agora o será tendo em vista uma outra direção, o homem mesmo e seu pensamento. A proposição cartesiana, não é, por sua vez, nem um pensamento autóctone, nem espontâneo, nem tampouco livre. Com isto, em realidade, e parafraseando os tradicionais platonistas contemporâneos e antigos, Morente, 1952 dirá:

> *(...) una realidad histórica conceptual, mental que es el sistema de Aristóteles, el realismo aristotélico, que está ahí, y que el hombre no puede borrar de la realidad porque ella existe historicamente ahí y presiona en una determinada dirección al pensamiento nuevo. (...) Comienza en este momento la segunda navegacion de la filosofia. La primera la inicia Parmênides; esta segunda la inicia Descartes (Garcia Morente, 1952, p.134).*

Mas retornemos a questão como a que se colocava na 'Metafísica Realista' em Aristóteles, que pergunta: *'quem existe'* e a resposta afirma a existência do mundo, das coisas que constituem o mundo e nos mesmos, dentro deste mundo, como tantas outras coisas. As dificuldades advindas desta tese obrigaram aos filósofos a colocar condições para fixar as várias estruturas do ser, do mundo e das coisas. A filosofia de Aristóteles constituiría a expressão mais acabada e completa que palmilhará todas as dificuldades advindas da acolhida desta tese e encontra a maneira mais perfeita de resolver estas dificuldades. A estrutura do Ser em Aristóteles dividia a exposição em três problemas: da estrutura do ser em geral, da estrutura da substância e da estrutura da realização. Em relação à estrutura do ser em geral Garcia Morente, 1952, dirá:

> *Aristóteles quiere penetrar en la estructura misma del ser, y lo hace en diferentes lugares y con diferentes intentos en sentidos distintos. En este libro de las categorías llega a precisar con bastante exactitud lo que él entiende por estructura del ser. El quiere encontrar aquellos puntos de vista desde los cuales podemos considerar cualquier ser, el ser en general, y pretende fijarlos conceptualmente. Pero como Aristóteles está profundamente imbuido del postulado parmenídico de la identidad entre el ser y el pensar, estos puntos de vista nuestros, desde los cuales podemos enfocar la contemplación del ser, se le aparecen inmediatamente e indistintamente como propiedades objetivas del ser mismo. Así es que las categorías van a ser para Aristóteles, tanto directivas del pensamiento lógico como aspectos reales, aunque generales, de todo ser en general (García Morente, 1952, p. 114).*

A maneira pela qual articula as categorias estabelece-se por intermédio da substância e seria a primeira maneira de atribuir ao sujeito um predicado. A substância como primeira categoria estabelece o ponto de vista pelo qual o sujeito se situa para identificar aquele que é: este é homem, este é cavalo. Desta maneira, quando algo decide que este é ou o outro é, aquele que é considera o outro como substância e não como um sujeito determinado, tendo em vista o sistema pensamento mesmo. Se algo é real podemos predicar o muito e o pouco, e este muito e este pouco Aristóteles chama quantidade. A relação dos entes uns em relação aos outros, Aristóteles chama relação. Onde um ente intenta determinar 'onde', este 'onde' Aristóteles chama de lugar. O problema pleiteado por Aristóteles, para a estrutura do ser perpassado pelas categorias, projeta-se necessariamente à estrutura do pensar, projetando às categorias um sentido lógico e ontológico. Do ponto de vista lógico são chamados predicáveis e são os atributos mais gerais à formação dos juízos; do ponto de vista ontológico as formas são o mínimo que o ser necessita ser, para ser. Podemos dizer assim que Aristóteles é guiado ao mesmo tempo pela lógica e pela ontologia.

> *'Y como lo que él aspira a determinar son las estructuras elementares del ser y del pensar, al mismo tiempo encuéntrese con que lo primero que de algo puede decidir se es lo que ello es: la substancia y entonces coloca la substancia entre las categorías' (García Morente, 1952, p. 117).*

Em relação a Substância:

La substancia es para Aristóteles lo que existe; pero no sólo lo que existe, sino lo que existe, sino lo que existe en unidad indisoluble con lo que es, con su esencia, y no sólo con su esencia, sino con sus accidentes (García Morente, 1952, p. 117).

É a Substância que responde primeiramente a pergunta 'quem existe?', e diz que um objeto é detentor de forma e matéria, e, portanto, coexiste na substância dual de existir e coexistir, isto posto, projeta necessariamente a possibilidade do ser em sentido existenciável e no sentido essencial, da existência e da essência. É neste duplo de sentidos, existencial e essencial que surge a decomposição dos conceitos 'forma' e 'matéria'. A matéria e a forma seriam desta maneira o elemento constituidor daquilo que chamamos substância mesma. A unidade que é absolutamente indivisível porque se a dividimos deixa de ser, o ser na amplitude da sua condição e na palavra que a expressa, pois forma sem matéria não teria existencialidade.

> *(...) materia y forma no pueden dividirse metafísicamente, porque pierden todo sentido ontológico tan pronto como los separamos uno de otro; y la substancia es justamente la unidad de materia y forma en la existênciaindividual (García Morente, 1952, p. 118).*

Caberia ressaltar ainda outra duplicidade de conceitos, a de ato e potência. Principalmente Aristóteles destaca o aspecto dinâmico e chama ato a identificação do ser e potência a matéria. A potência estaria com o ato na mesma relação que o possível estaria com o real. A estrutura da realização.

> *La estructura de la realización en Aristóteles es la teoría*

de las causas. Aristóteles distingue de cada cosa cuatro causas: la causa material, la causa formal, la causa eficiente y la causa final (García Morente, 1952, p. 121).

A estrutura da realização nos conduz constantemente na direção de exemplificar que a concepção Metafísica de Aristóteles esta dominada pela idéia de forma essencial e finalidade, e no fundo a substância e a substância individual, ambas são resultado de uma elaboração semelhante. Em suma, para ele o mundo em que vivemos, o mundo sensível das coisas tangíveis e visíveis é, ao mesmo tempo, um mundo inteligente.

En suma, que para Aristóteles el mundo, este mundo en que vivimos, el mundo sensible de las cosas tangibles y visibles, es al mismo tiempo un mundo inteligente. Las substancias 'son', existen, y además de ser y existir son inteligibles; nosotros podemos comprenderlas. Y porque podemos comprenderlas? Podemos comprenderlas porqué han sido hechas inteligentemente. Si no hubieran sido hechas racionalmente, inteligentemente, serían para nosotros incomprensibles. Porque son comprensibles para nosotros? Pues porque tienen y están impregnadas de inteligibilidad. Son inteligibles porque su ser se descompone en el ser puro y simple existencial y en la esencia intangible, la vieja idea de Platón, que ha descendido del cielo a la tierra, para juntarse con la existênciay dar la substancia (García Morente, 1952, p. 123).

Permanece a concepção do conhecimento da essência estabelecidas Metafisicamente como impregnadas de inteligibilidade, que sem dúvida, esta circunstância inteligivel está na circunscrição de um D'us inteligente. Aristóteles, desta maneira, necessita que sua Metafísica culmine numa teologia, porque sem D'us não podemos compreender como as coisas são inteligentes. As coisas mesmas são inteligíveis porque D'us mesmo possibilitou que nelas estivesse imputada a sua inteligência.

De esta manera se nos aparece el mundo de Aristóteles, como un inmenso, magnífico conjunto sistemático. El mundo está perfectamente sistematizado; el mundo no deja resquicio a nada irracional, a nada incomprensible. Todo en él es explicable por esencia y por pensamiento; todo él esta chorreando razón. Es un magnifico conjunto sistemático de substancias, cada una de las cuales tiene su esencia y nosotros podemos conocer esas substancias y esas esencias. Podemos 'conocer'; es decir, que Aristóteles tiene inmediatamente detrás de la metafísica una teoría del conocimiento, que se pliega perfectamente a esta metafísica teológica, finalista (García Morente, 1952, p. 124).

Conhecer, para Aristóteles, significaria duas coisas, primeiro formar conceitos, quantos mais conceitos se tenham mais se sabe e, segundo, aplicar esses conceitos a cada coisa individual. Destas duas coisas, necessariamente, desdobram-se outras para chegar então na causa primeira, na idéia suprema de D'us como o fim último de toda a realidade do mundo e do Universo. D'us, como necessário fundamento, culmina em pensamento puro, em inteligência divina que permite participar e depender desta inteligência para, em sua suprema misericórdia tão ao gosto da interpretação da Igreja Católica Romana. É bem no ultimo capitulo da Ética a Nicômaco, que utilizando a descrição de contemplação, São Tomás tenta aproximar a inteligência humana, ainda como causa da inteligência de D'us através da idéia de bem aventurança e dos bem aventurados.

Pela contemplação das essências, o pensamento, o conhecimento das essências, é que o homem chega a D'us. No entanto quando São Tomás 'imaginar' ou intuir no que consiste a bem aventurança, não encontra outra coisa que não seja a atividade de Aristóteles, e desta maneira os santos seriam bem-aventurados porque contemplariam a verdade, porque contemplariam a D'us e a partir de isto haveria entre o aspirante e D'us algo como que sendo semelhança de forma. Mas como poderíamos sintetizar as teses fundamentais do Realismo.

Las tesis fundamentalis de todo realismo, diferentes respuestas dadas a la pregunta: qué existe? Primera tesis: Existen las cosas. Segunda tesis: Existen las cosas como inteligibles; es decir, que además de ser, consisten; además de ser, son esto o aquello; tienen uma esencia y son inteligibles. Tercero: Existe inteligencia, pensamiento, Dios, como quieran llamarlo. Cuarto: El hombre es una de las cosas que existen. Quinto: El hombre es inteligente relativamente, es decir, participa de la inteligencia que existe. Sexto: El hombre conoce que las cosas son y lo que las cosas son. Séptimo: La actividad suprema del hombre consiste en el conocimiento (Garcia Morente, Manuel, 1952, p.128).

Com a apresentação dos aspectos principais estabelecidos em função da articulação da inteligência das coisas, de um pensamento supremo ordenador e do homem como um entre as coisas, e do homem como participante desta inteligência e, portanto, vivenciando parte da inteligência divina, caberia um passo atrás para antevermos a articulação do mundo, dos universais, e as coisas individuais. A proposição de darmos um passo atrás em nada questiona a nossa proposição, antes nos permite entendermos como esses passos levaram a supremacia da percepção do si mesmo.

Com isto, universais e particular articulam-se nas coisas individuais e concretas. Por um lado, os conceitos seriam o elemento fundamental, tanto da distinção como da identificação das características peculiarmente comuns dos seres individuais.

Seria nesta capacidade de identificar elementos comuns e

distintos que a contemplação permearia a experiência do mundo dado. Na primeira navegação, Aristóteles atribui a capacidade de percepção da inteligência do mundo pela contemplação; na segunda navegação Descartes projeta no pensamento aquilo que seria o elemento fundamental e incontestável para a percepção do mundo. E certo, no entanto dizer que para Descartes nada interessa no mundo senão o pensamento.

Para terminar esta alínea, a influência de Aristóteles, a sua teoria do conhecimento que tendo uma extraordinária influência no pensamento antigo e medieval chega ao limiar do pensamento moderno, como vimos nos capítulos precedentes, pela via estabelecida pela Igreja Católica, em embates interpretativos da Patrística Agostiniana versus a Tomística. O que de sorte nos compeliu a analisar nas alíneas precedentes foi a 'crisis' histórica e religiosa do principio da idade moderna. Nesta, por nossa vez, buscaremos, com vias a intentar uma interpretação e compreensão particularmente produtiva, perpassarmos a passagem do realismo a existência individual do pensamento.

A ORIGEM DO IDEALISMO SUBJETIVISTA

Apresentamos dois enfoques relativos ao processo de secularização nos dois primeiros capítulos deste ensaio. O que nos compele agora é estabelecermos o contraponto a metafísica realista. A destruição da unidade religiosa e o advento do Estado nacional. A destruição da crença da unidade ou unicidade da verdade levou a contestação da crença na metafísica Aristotélica. No entanto, em outros campos do saber, os homens projetavam-se a descobrir a terra e o céu a partir da concepção do novo sistema planetário de Kepler e Copérnico. A terra cessa de ser o centro do universo, a terra é agora um planeta, e não dos maiores. Todo este conhecimento derrama-se como golpe sobre a ciência e sobre a Metafísica Aristotélica e leva, este golpe contestatório, 'o saber humano, a uma crise profunda do conhecimento de um mundo perfeitamente determinado que é confrontado com um universo até então desconhecido. Nesta crise de conhecimento nasce uma posição completamente nova na filosofia, e no século XVI e principio do XVII, o descobrimento científico chega a tal situação que os problemas filosóficos exigem novas colocações. Não é mais possível replantar, ou retroceder sobre o caminho feito, a Metafísica Aristotélica chega a seu limite e esgotamento. O sistema Aristotélico, ainda que naquele momento estivesse esgotado, frente à realidade moderna, não podia ser apagado. Quando Descartes, figura onde esta centrado o pensamento moderno, traz a tona o 'cuidado', a dúvida, como método, está aberta a nova vertente filosófica, diferente e novamente substantivada e que responde as novas necessidades de seu tempo; do método à dúvida. Com isto posto, o novo sistema se estruturaria como a seguir Morente, 1952 diz:

> *¡Cuidado! piensa Descartes! ¡No vayáis a equivocarvos! ¡Mucho cuidado! Esta actitud de prudencia y de cautela que el lugar y el momento histórico imponen inevitablemente a Descartes, es lo que imprime un sello indeleble en el pensamiento moderno. El pensamiento moderno es todo lo que se quiera, menos inocente; es todo lo que se quiera; menos espontáneo. Empieza a surgir con la idea de precaución y de cautela; y esa misma idea de precaución, de no reicindir en los errores del pasado, de evitar esos errores, es lo que imprime una direción al curso de su desenvolvimiento (Garcia Morente, 1952, p. 135).*

Em que consiste esta cautela, esta dúvida, levantada por Descartes, como elemento fundamental. A pergunta que nos interessa fazer não é a mesma que Metafisicamente é apresentada por Aristóteles. Apresenta-se a pergunta 'QUEM EXISTE' e não O QUE EXISTE, mas a pergunta previamente se coloca num pensar minucioso que antevê um método para evitar o erro. O erro de atribuição de uma 'inteligência a natureza'. Mas o que o pleitear minucioso busca enfim:

> *(...) el problema de cómo evitar el error; el problema del método, que hay que descubrir para aplicarlo de suerte que no se cometan errores; el problema de la capacidad que tenga el pensamiento humano para descubrir la.verdad; el problema de si el pensamiento humano puedelo no puede descubrir la verdad; el problema de los caracteres que haya de tener un pensamiento para ser verdadero. En suma, toda una serie de problemas que los filósofos hoy comprendemos bajo la denominación de 'teoria del conocimiento (Garcia Morente, 1952, p. 136).*

O problema posto por Descartes visava resgatar um outro problema por anos soterrado pelo realismo. Da estrutura fundamental sujeito objeto que atribuía ao objeto uma inteligência divina e retirava do sujeito a possibilidade de compreensão do objeto e da natureza que não fosse por intermédio de D'us. Só D'us permitia, até então, a ARCHÉ de Aristóteles, que o conjunto adquirisse clareza. De outra maneira tudo se traduzia obrigatoriamente na abrangência da fé num início independente da natureza em D'us, e inalcançável ao homem. O abrangente, não caberia pensá-lo como objeto ou coisa, mas estaria necessariamente contrário e oposto ao sujeito.

O problema de se o pensamento humano poderia descobrir a verdade para além de suas definições tradicionais não é nem questionado ou colocado em pauta. O que se põe como fundamental pela filosofia estabelecida por Descartes é a busca do equilíbrio do sujeito com relação ao objeto.

Não importa agora se o objeto é ou não detentor de uma inteligência divina. Mas como estabeleceria Descartes, este caminho de busca do equilíbrio do sujeito com relação ao objeto, se não na busca de uma verdade fundamental não questionada, mas era apenas percebida inicialmente?

Asi Descartes busca una verdad primera, que no pueda ser puesta en duda; que resiste a toda la duda. Es decir, que por un movimiento sutil de su espirito Descartes convierte la duda en método. Cómo? Negativamente, aplicando la duda como um cernidor, como una criba que coloca frente a toda proposición que se presenta, con la pretensión de ser verdadera; y entonces exige de las verdades no sólo que sean verdaderas, sino también que sean ciertas. Todo lo que lo preocupa es buscar la certidumbre, y el criterio de que se vale es la duda. La misma duda que ha derribado el pensamiento atistotélico, eso mismo le sirve a él para encontrar el suyo; porque si la duda ha mordido en el sistema aristotélico y lo ha hecho inservible, intentemos ahora aplicar la duda, para que todo aquello en que la duda (llevada a términos de exageracién riqurosa) haga mella, todo ello quede eliminado de las bases de La filosofia. La duda se convierte, pués, en método; y lo que se intenta aqui descubrir es una proposición que no sea dudosa, que no sea dudable (Garcia Morente, Manuel, 1952, p. 137, 128)

A dúvida convertida em método, é duvida do abrangente, é duvida até, numa certa medida, de todos os métodos ate então utilizados. Para alcançar este método importava realizar o que a seus olhos era o aparecer fundamental, que não se tratava de objetivar-se apenas como método de pesquisa, mas como um procedimento sistemático que levava algo a acontecer em nós. Explicá-lo através de figuras pensamento, não proporcionava mais do que alguns marcos de orientação.

No entanto, os poucos marcos de orientação apresentados designavam-se como que fundamentais no processo de secularização do conhecimento e da metafísica. Se a pergunta 'o que é o que existe', Descartes não responde, é que esta pergunta há muito havia sido tratada, ao longo dos séculos. A pergunta fundamental que

Descartes busca responder é: QUEM EXISTE?

> *Existe el pensamiento; existo yo pensando; yo y mis pensamientos. Por que? Porque lo unico que hay para mí inmediato es el pensamiento; por eso no lo puedo poner en duda. Lo que puedo poner en duda es lo que está más allá del pensamiento; lo que no alcanzo mas que 'mediante' el pensamiento. Pero aquello que sin mediación ninguna puedo tener en la mas íntima posesión, es algo de lo cual no puedo dudar; no puedo dudar de que tengo pensamientos (Garcia Morente, Manuel, 1952, p. 140).*

Desenvolvido por meio da filosofia, o pensamento como conhecimento fundamental que podemos evocar e descrever em cada contexto - cria espaços para a clareza da autoconsciência que no interior dela se constrói. Faz desaparecer as limitações e tornasse transparente aos meios pelos quais nos fazemos reais à existência. Através das operações fundamentais estabelecidas pelo pensamento que se determina como método ele nos dá consciência da possibilidade da nossa realidade manifestar-se no tempo.

As proposições advindas do método, da duvida hiperbólica de Descartes, diz de um mundo que é compreendido através do pensamento, mas que muitas vezes é diferente daquele que meu pensamento deseja como mundo.

A incapacidade de voltar sobre os passos até então caminhados pela Metafísica Realista, e aceitar o mundo simplesmente por intermédio de uma ARCHÉ 'divina', sem agir sobre ele e legitimá-lo pela fé, está posta. As consequências radicais resultantes dizem que o processo filosófico aberto por Descartes, via processo de secularização, abre lacunas para a participação do homem como construtor de seu mundo, laico, individual, às vezes amoral, mas estabelecido através daquilo que mais intimo existe nele, seu pensamento mesmo, em si e por si.

DA SUBSTANCIA REALISTA A SUBSTANCIA CARTESIANA

O Processo de Secularização expôs a concepção Realista da Substância e confrontou-a com outra, ou, o Cartesianismo foi permeável, por intermédio de pré-conceitos de autoridade a idéia primeira? Mas de fato, há que refazer o caminho da concepção de substância, e para isto recorremos a Platão e a Aristóteles, primeiramente.

A SUBSTÂNCIA EM PLATÃO

Quando Platão imaginou a substância das coisas foi permeável à tradição Pitagórica em que o número era tido como que sendo a substância primeira, e aquela idéia de número era pois tido como que sendo a essência das coisas mesmas, ou dizendo de outra maneira, o numero era a representação tautológica da essência, que sem ele não apresentava sentido algum.

No entanto a referencia fundamental para a concepção de substancia vai muito alem da referência pitagórica, antes em Platão seriam as idéias e a isso Mora, 1951 se refere quando diz:

Si suponemos que el ser de la cosa es la idea de la cual participa, entonces resultará que las ideas en el sentido platônico – son substâncias (Ferrater Mora, 1951, p. 903).

No entanto, como a maioria dos gregos, o princípio pelo qual se determinavam as coisas, a ARCHE, era o Bem. Mas esta ideia de bem relativamente a substancia não apresentava de maneira nenhuma qualquer correlação a concepção de bondade, ou do bem em si. Bem e substância, portanto eram determinantes complementares e unívocos. Mas como se estabeleceria essa relação então?

Sobre o principio incondicionado, situado no vértice, Platão se pronunciou expressamente, embora de forma incompleta, em A República, afirmando tratar-se da idéia do Bem. E do bem afirmou que não apenas constitui o fundamento que torna as idéias cognoscíveis e a mente capaz de conhecer, mas que verdadeiramente 'produz o ser e a substância' e que 'o Bem', não é substância ou esséncia, mas situa-se acima da substância, transcendendo-a em dignidade, hierarquia e em poder (Reale, 1990, p. 184).

Esta ideia de o bem estar acima de todas as coisas e da substancia apresenta a condição primeira de Platão, vinculado ao uno e a diada, o sumo bem, onde e de onde todas as coisas probem e a substancia portanto dela deriva. Mas não podemos dizer que esta condição seja expressa no processo de secularização, ante o processo de secularização tratará a substancia como coisa palpável e real, trazendo algo como que sendo possível de correlacionas com o realismo mesmo. Mas de esta feita, como o processo de subjetivação alcançaria a sua condição relativamente a esta determinação se nãointrogetando a ideia de sumo bem como algo relativo e subjetivo mesmo?

A SUBSTÂNCIA EM ARISTÓTELES

Em Aristóteles, no seu 'Etica e Nicomaco', diz que o Bem é aquilo que todas as coisas tendem. Portanto Aristételes e Platão concordam no fato de 'o Bem' não ser a substância. A substéncia se toma, diz Aristóteles , outra coisa e isso afirma como segue:

> *(...)si no en gran número de sentidos, por lo menos en cuatro principales. Se cree, en efecto, que la substância de cada ser es la esencia* τὸ τί ἦν εἶναι, *Lo universal, el género y el Sujeto (Mora, José, 1951, p. 904).*

De outra maneira ainda, Aristóteles diz da possibilidade da

substância ser estudada no mínimo pela física, pela metafísica e pela doutrina das categorias. Fisicamente falando, a substância é o que suporta as modificações, e desta maneira podemos chamála também matéria sempre que ela se tome no sentido radical de suporte.

Como categoria substéncia é *οὐσία* ou também podemos dize-la τι εstδ. Metafisicamente, substância é aquilo que possui o individuo como causa de seu SER e também de sua independência.

Todas as significações de substância, em Aristóteles tem por finalidade principal a explicação da transformação sem que se elimine a possibilidade de permanência.

> *As doutrinas expostas devem ainda ser integradas com algumas explicitações relativas à potência e ao ato referidor à substância. A matéria é 'potência', isto é, 'potencialidade', no sentido de que é capacidade de assumir ou receber forma: o bronze é a potencia da estátua porque é efetiva capacidade de receber ae assumir a forma da estátua; madeira é potência de vários objetos (...) (Reale, 1990, p. 185).*

Desta maneira temos a materialidade como substância, como misto de potência e ato. O Ato é chamado por Aristóteles realização como perfeição em concretização ou concretizada. Desta maneira:

> *Portanto, enquanto essência e forma do corpo, a alma é*

ato e enteléquia do corpo (...). E, em geral, todas as formas das substâncias sensíveis são ato e enteléquia (Reale, 1990, p.186).

A arché aristotélica então, nesta seqüência de raciocínio, apresentar-se-ia como sendo Enteléquia pura, e em outras palavras na seqüência Católica Romana, D'us. Da mesma maneira que Platão condiciona a substância a partir do bem, Aristóteles a condiciona a partir do ATO:

Diz ainda Aristóteles que o ato tem absoluta prioridade e superioridade sobre a potência. Com efeito, só se pode conhecer a potência como tal referindo-a ao ato de que é potência. Além disso, o ato (que é forma) é condição, normal, fim e objetivo da potencialidade (a realização da potencialidade ocorre sempre por obra da forma). Por fim, o ato é superior à potencialidade ontologicamente porque é o modo de ser das substâncias eternas (...) (Reale, 1990, p.186).

Mas se o ato é o modo de ser das substâncias, esta ocorrência é ocorrência possível por intermédio de certas condições incorruptíveis.

As substâncias são as realidades primeiras, no sentido de que todos os outros modos dependem da substância (...). Assim, se todas as substâncias fossem corruptíveis, não existiria absolutamente nada de incorruptível. Mas, diz Aristóteles, o tempo e o movimento são certamente incorruptíveis. O tempo não foi gerado nem se corromperá (...). O tempo é eterno. O mesmo raciocínio também serve para o movimento, porque segundo Aristóteles, o tempo outra coisa não é do que uma determinação do movimento. Sendo assim, a eternidade do primeiro postula a eternidade do segundo (Reale, 1990, p.186).

A princípio, a arché aristotélica deve ser necessariamente e absolutamente eterna. Se o movimento é eterno, eterna será a sua causa. A causa do movimento, como causa eterna, o principio, esta imóvel, da maneira como é demonstrado por Aristóteles em sua física.

Mas aonde chegamos então com a determinação da causa primeira, da arché? Chegamos na circunscrição sistemática de Aristóteles, que nos diz da substância em geral que:

1º) Os naturalistas apontam como elementos materiais e como principios substânciais;

2º) Que os platonicos indicariam a forma; e,

3º) Para os homens comuns a substância seria o individuo e a coisa concreta, ambos seriam feitos de forma e matéria a um só tempo. Quem teria razão dentre todas estas três visões?

Segundo Aristóteles ao mesmo tempo teriam razão todos e

nenhum. Tomadas individualmente são parciais mas em conjunto apresentam a verdade.

> *1) A matéria (hylé) é, indubitavelmente, um princípio constitutivo das realidades sensíveis, porque funciona como 'substrato' da forma (...). Mas em si, a matéria é potencialidade indeterminada, podendo tornar-se algo determinado, somente se receber a determinação por meio de uma forma.*
>
> *2) Já a forma, enquanto princípio que determina, concretiza e realiza a matéria, constitui aquilo 'que é' alguma coisa, a sua essência, Sendo assim substância a pleno titulo (Aristóteles usa as expressões **'o que é'** e **'o que era o ser'**, que os latinos traduziriam por 'quod quid est, quod quid erat esse', e sobretudo a palavra lidos 'forma'.*
>
> *3) Mas o composto de matéria e forma, que Aristételes chama 'sinolo' (que significa precisamente o conjunto ou o todo constituido de matéria e forma), também é substância a pleno titulo, porque reúne tanto a 'substâncialidade' do principio material quanto a do formal.*
>
> *Sendo assim, alguns acreditaram poder concluir que a 'substância primeira' 'é precisamente 'o sinolo' e o individuo, Sendo a forma a 'substância segunda' (Reale,1990, p.184).*

O que podemos concluir sobre o sentido do ser? _Em seu significado mais forte, ser é substância e a substância, num sentido determinado, é matéria e em outro sentido é sinolo, e num outro sentido assumido ainda, apresenta-se como forma.

Da propriedade de cada sentido podemos dizer que, no primeiro da substância como matéria, seria o sentido improprio; da substância como sínolo seria um tanto mais próprio e por fim, do sentido por excelência, a substância seria forma como o grau mais elevado do ser. Com isto podemos compreender porque a 'forma' para Aristóteles é a causa primeira do ser, porqueela informa a matéria e torna assim precípuo o sínolo.

A SUBSTÂNCIA EM SANTO AGOSTINHO

A passagem da idéia de substância em Platao e Aristételes pela idade média, nos interessa, para além da interpretação de Plotino, nos aproximarmos mais da concepção de Santo Agostinho e São Tomás de Aquino. A solução que a Patrística Agostiniana apresenta para a criação do mundo e para a sua substância como tal, apresenta-se como segue:

> *A solução criacionista, que para Agostinho e ao mesmo tempo verdade de fé e de razão, revela-se de uma clareza exemplar. A criação das coisas se dá do nada (ex nihilo), ou seja não da substância de Deus nem de algo que preexistisse (a fórmula que posteriormente se tornaria*

*canônica seria **'ex nihilo sui et subiecti')**. Com efeito, explica Agostinho, uma realidade pode derivar de outra de três modos: a) por geração, caso em que deriva da própria substância do gerador como o filho deriva do pai, constituindo algo de idêntico ao gerador; b) por fabricação, caso em que a coisa que fabricada deriva de algo preexistente fora do fabricante (de uma matéria), como ocorre com todas as coisas que o homem produz; c) por criação a partir do nada absoluto, ou seja, não da própria substância nem de uma substância extensa (Reale, 1990, p.450).*

Como ainda temos, que a concepção de substância em Santo Agostinho será:

(...) decia que asi como aquello que es ser se llama esencia aquello que es subsistir se lamma substância. Pero el caracter substante no es suficiente (Ferrater Mora, 1951, p. 904).

De outra maneira ainda:

La substância es que no se limita a determinar qué entes son substâncias, sino que intenta dilucidar lo que la substância como tal sea y cuales son las espécies posibles de substâncias. La substância es considerada entonces - en tanto que predicamento - como aquella cosa cuya esencia debe ser en si y no en otra cosa. Por eso la substância se distingue del accidente(...) (Ferrater Mora, 1951, p. 904).

Esta consideração sobre a concepção de substância na Patrística faz com que relacionemos necessariamente, enquanto predicamento às categorias aristotélicas posto que a doutrina das categorias estabelecem-se necessariamente como predicamentos. De outra maneira, retrocedendo na concepção de categoria e verlficando-a como flexões do ser nos possibilita uma relação mais direta a doutrina Platônica das idéias, como diz Ferrater Mora, 1951 a seguir:

La razón esencial de la substância no consiste meramente en la razón de ser algo que subtiende los accidentes; consiste en la razón de ser o estar por si (...) (Ferrater Mora, 1951, p.904).

Com isto podemos concluir que, enquanto 'predicamentos' a substância Agostiniana estaria para a razão de Ser ou Estar, como flexões do Ser, como podemos relembrar Platão no Sofista e as Classes Maiores de Ross, 1989. A substância Agostiniana, desta maneira, é consequência direta do processo de reinterpretação feito pela Patrísticada concepção Platônica do Ser. O Ser Platônico indeterminado, mas flexionado pelas classes maiores, possibilita-se como perfeitamente relacionável à condição do Cristianismo proposta pela Patrística. Quando pois verificamos as possíveis relações, como as que fizemos anteriormente entre a Patrística Agostiniana e o Platonismo, temos nas confissões, (Confissões VII 20) visto alguns destes aspectos:

> *20. Do Platonismo à Sagrada Escritura. 26. Mas depois de ler aqueles livros dos platônicos e de ser induzido por eles a buscar a verdade incorpórea, vi que as vossas perfeições invisíveis se percebem por meio das coisas criadas. (...) Sabia que todas as coisas provém de vós (provém de Deus), pelo motivo único e seguríssimo de existirem (Confissões, Santo Agostinho, p. 123).*

Buscando e nos atrevendo a uma interpretação desta passagem de Santo Agostinho, quando ele se refere a 'verdade incorpérea', e 'as vossas perfeições invisíveis', se percebem pelas coisas da natureza, e mais uma vez podemos nos referir a analogia Platônica do ideal e do real e nos apercebemos que a concepção ideal de cavalo só existe porque existem os cavalos imperfeitos na natureza? Agostinho se apercebe da existência de uma dialética ascendente e também de uma dialética descendente, na medida que vislumbra a verdade incorpórea e corpórea. Desta feita a substância das perfeiçõées invisíveis seria a substância divina:

> *O Deus, tão alto, tão excelente, tio poderoso, tão onipotente, tão misericordioso, e tão justo, tão culto, tão presente, tão formoso e tão forte, estável e*

incompreensivel, imutável e tudo mudando, nunca novo e nunca antigo, inovando tudo e cavando a ruína dos soberbos (Nas Confissões I 4, Contando a Perfeição de Deus, p. 11).

E a substância material da natureza mais adiante é relatada:

Procurei o que era a maldade e não encontrei uma substância, mas sim uma perversão da vontade desviada da substância suprema – de Vós, ó Deus e tendendo para as coisas baixas, vontade que derrama as suas entranhas e se levanta com inturmescência' (Confissões, Santo Agostinho I, 16, p. 120).

Estas estariam relacionadas a geraçâo, com as idéias da proveniência de pai e filho e da produção, no caso das coisas materiais fabricadas. O que se funda, por fim, nestes dois casos, é a incomunicabilidade da natureza divina e da natureza humana, e que apenas estaria possivel alguma comunição ao pela suprema misericérdia divina.

A SUBSTÂNCIA TOMISTA

A concepção de substância que separa São Tomás de Aquino e Santo Agostinho, podemos dizer, é estabelecida pela mesma distância que existe entre Platão e Aristóteles e mais de 500 anos de cristianismo dogmático. Gadamer, no seu Verdad y Metodo, 1984, p.506, assim diz:

> *Santo Tomás, por ejemplo, elabora uma mediación sistematica de la doctrina cristiana desarrollada a partir del prólogo del evangelho de Juán con el pensamiento de Aristóteles (Gadamer, 1984, p. 506).*

Esta mediação, 'sistematicamente' estabelecida por São

Tomás diz da substância de um modo particular e principal e por que não dizer primeiro, como Reale salienta a seguir:

> *(...) são seres a substância e os acidentes, mas a substância de modo particular, principal, primeiro e privilegiado e os acidentes somente enquanto modificações secundárias da substância. Disso tudo, evidencia-se que Aristóteles se interessa pela razão horizontal dos seres entre si e fala da analogia em relação à substância e aos acidentes. Já Tomás de Aquino embora estabelecendo a posiçâo de que o ser diz respeito aos entes finitos, se interessa mais pela relação entre Deus e o mundo, diferentemente de Aristóteles. Este se move em direção horizontal, Tomás em direção vertical (Reale, 1990, p. 561).*

Como exemplo desta relação ou direção vertical, como nos fala Reale, o Tomismo vê a substância pela razâo de espécies. Completas seriam as substâncias dos anjos e as substâncias incompletas seriam a das almas humanas. A idéia de substância completa conocebe aquela como que podendo existir sem outra coisa, independente, ao contrário das substâncias incompletas, que somente podem existir em função de outra coisa. Os 'escolásticos' rechaçam, além das concepções negativas e absolutas de substância, que ocorrerá na filosofia moderna, as negações empiristas dela em função principalmente da sua inacessibilidade ou incapacidade de apreensão sensível das substâncias completas.

A SUBSTÂNCIA CARTESIANA

O processo de passagem então à modernidade, o processo de secularização atuou como uma ação sistemática e ininterrupta, e se pensamos o processo de pensamento como um processo de passagem em que a explicação por intermédio da palavra se faz possivel em função de uma lógica da linguagem, esta não pode ser concebida hoje como uma relação de ordem das coisas que passa a desordem. O que temos entao é que a linguagem ao longo da construção desenvolvida por Platão e Aristóteles concebia a substância como uma extensão de um espirito infinito do qual a linguagem era a expressão máxima. Quando do advento da idade media, a Patrística e mais tarde o Tomismo, reinterpretaram a idéia de substância, esta reinterpretação ocorrerá em função principalmente de um espirito infinito que detera a sua expressão máxima em função do evangelho. A estrutura essencial da lógica não ensinara nem em Platao, em Aristóteles, Agostinho ou Tomás de Aquino uma verdade como relativa. A verdade e a substância serão entes inseparaveis, o que perceberá então Descartes em função de seu método, é que a dúvida hiperbólica em nada se detém que não seja o mais intimo processo do sujeito, o pensamento. Quando o processo de secularização nos leva a descortinar Descartes, este descortinar implicará num principio prineiro, como ponto de partida de sua filosofia:

E necessério em primeiro lugar um princípio, uma idéia primeira, a idéia duma realidade que não dependa senão dela mesma para ser concebida e para ser. É nesta realidade primeira que tudo será, e a ela tudo deverá ser atribuído: a substância, como é denominada. Somente ela pode servir de principio à dedução metafísica. Com efeito, a dedução matemática aplica-se apenas a verdades condicionadas. As verdades geométricas como assinalam Descartes, são hipotéticas: elas permitem passar de uma propriedade a outra, mas não asseguram a existência de um objeto, de um ideal correspondente a alguma idéia. Se alguma esfera existe, é demonstrativamente certo que sua superficie é igual a quatro grandes círculos; mas a geometria não garante que exista alguma esfera ou (...). Se os princípios são arbitrários o que deles se vier a deduzir partira de uma incerteza. As matemáticas não podem pois substituir a metafísica, que é a unica capaz de constituir um conhecimento, não apenas hipotético, mas categoricamente certo (Le Senne, 1965, p. 22).

A procura de Descartes de identificar um 'principio' metafisicamente correto implicaria em aceitar a dúvida de um SER perfeito? O que poderia ele invocar para naquele momento afirmar ou não na existênciade um SER perfeito?

Se invocássemos para afirmar sua existência, o fato de que existe alguma coisa, nos fiariamos na experiência, cuja contingência conhecemos. Pensamos, ao contrário, que não se pode conceber sem contradição, não tal ser determinado, mas o ser perfeito inexiste. Logo ele existe. Este argumento chamado argumento ontológico, manifesta o postulado do racionalismo, que é a identidade da razão do ser (Le Senne, 1965, p. 22).

O argumento ontológico, postulado do racionalismo, não apresenta outra coisa que não seja a totalidade do SER ao invéz de pensar sobre uma de suas partes, o que permite de sua essência não a existênciaeventual, suspensa pelo pensamento, mas a existência atual e eterna. Mas então chegamos a questão da substância em Descartes, pelo caminho da dúvida.

Paradoxalmente, é o caminho da_duvida que leva

Descartes ao método que nos conduz ao conhecimento de todas as coisas. Descartes parte da seguinte idéia: Aquilo que nos enganou, mesmo que uma só vez, nunca mais merece a nossa confiança, (...). A dúvida, no caso, será sistemática e geral, mas não cética, pois o projeto de Descartes não visa fechar-se dentro da dúvida, mas antes utiliza-la como instrumento para superar a própria dúvida. Trata-se de uma dúvida hiperbólica metódica (Ramson Giles, 1984, p. 178).

Desta maneira, pelo caminho da dúvida hiperbólica metódica, chegamos, pelo argumento ontológico, a substância eterna que é DEUS. Descartes, ao definir a substância precisamente de modo negativo, que só aparentemente se estabelecia da mesma maneira que a fórmula clássica e antiga buscava fundamentar sua idéia de substância de tal modo que ela não necessitasse de outra coisa para existir que não ela mesma. Pelo argumento ontológico chegamos então a substância divina e posteriormente chegamos a substância das coisas como as propriedades ou qualidades que pensamos da natureza ou das coisas feitas.

De un modo más preciso todavia, Descartes señala que toda cosa en la cual se halla inmediactamente como en el sujeto, o por cual existe algo que percibimos, es decir, cualquier propiedad, cualidad o atributo cuya idea real esta en nosotros, se lhame substância (Ferrater Mora, 1951, p. 904).

Desta feita, somente D'us seria verdadeiramente substância, na medida em que efetivamente não necessita de nada mais para existir. O que vislumbramos neste ponto de nosso ensaio revestese como um problema da mais alta relevância. Significaria dizer que Descartes, além de não conseguir definir a idéia de razão, e como consequencia disto racionalmente não conseguir estabelecerem uma idéia, mais próxima, da égide da modernidade nascente, de substéncia.

NATUREZA VERSUS ESPÍRITO

A concepção de substância a qual Descartes se vale em seu 'Método', tem como aporte uma definição de mundo como 'res extensa', que Heidegger, no seu Ser y Tempo, 1984, desvendará:

La definicion del 'MUNDO' como 'res extensa', Descartes distingue el 'ego coqito' de la 'res corporea'. Esta distinción determina la ontologia posterior de la naturaleza y el espiritu. El contenido de esta pareja de contrarios se fijará onticamente de tantas maneras como se quiera' (Heidegger, 1984, 1984, p. 104 § 19).

A distinção do eu penso, da 'res corpérea', Descartes tenta solucionar pela capacidade que tem de determinar o próprio pensamento a percepção de qualquer propriedade, qualidade ou atributo relativa a 'res corpérea'. O que nos alerta Heidegger, 1984, é que desta maneira se estabelecem natureza e espirito como contrários. E esta contrariedade que se fixará na filosofia moderna em detrimento do que já havia sido aparentemente solucionado pela filosofia realista. A consideração que de fato se prenuncia, aparece a partir do desvelar que Heidegger processa da idéia de substância que Descartes utiliza:

> *El termino usado para designar el ser de un ente es en si mismo el de substância.El término tan pronto significa el ser de un ente que es una substância, o la substâncialidad, como este ente mismo, o una substância. Esta ambigdidad del termino substância, que lleva ya consigo el concepto antigüo (...) no es casual (Heidegger, 1984, p. 104).*

A ambiguidade do termo substância utilizada por Descartes para significar tanto D'us como também para fixar as condições da natureza via pensamento, mantém a ambiguidade inicial do próprio termo. Enfatiza a história da recepção deste termo frente a efetualidade da história da filosofia. O desacerto entre pensamento e a 'res corpórea', determina-se a partir da própria condição do termo substância de enfatizar-se, a partir dos vários estágios determinados por Aristóteles, horizontais quando da comunicaçao entre os entes, e por Santo Agostinho com base numa verticalidade de comunicaçao dos entes frente a natureza perfeita. O que Heidegger expõe é a carga do 'entendimento' acumulada sobre o termo substância que deverá, a partir de Descartes, significar apenas um par 'Dual'?

> *Descartes toma el ser del 'ser ahi', a cuya constituición fundamental es inherente el 'ser en el mundo', del mismo modo que el ser de la 'res extensa', como substância. Pero con esta critica - no se le atribuye a Descartes um problema para 'probar' luego que no lo resolvió - que estaba plena y totalmente fuera de su horizonte? (Heidegger, 1984, p. 113).*

A questão colocada por Heidegger diz da possibilidade de estarmos atribuindo um problema a Descartes, um problema tal que talvez estivesse fora de seu horizonte. Mas não, a substância é problema substantivo em Descartes, e tanto 'isto se prova que o próprio Heidegger assim diz:

> *El analisis cartesiana del mundo haria, pues posible por primera vez la segura edificación de la estructura de lo inmediatamente 'a la mano' (Heidegger, 1984, p. 114).*

Aquilo que se 'percebe' imediatamente ao alcance da mão, deve necessariamente ter substância da mesma maneira que aquele que lança a perceber com 'la mano' é detentor de uma propriedade que é a sua substância. No entanto, o que se propugnava paralelamente a esta edificação, do imediatamente sensível, seria a tarefa não tão fácil de apontar a 'coisa natural' e à plena coisa de uso, o que levaria mais uma vez a consubstânciar a dualidade através do par natureza versus cultura. O que até agora buscamos verificar nesta alinea, refere-se ao Método Cartesiano relativo a concepção de substância, estabelecidos a partir da disparidade trazida a luz por Heidegger, que vislumbra, além da ambiguidade do termo frente a sua história de recepção, o conflito entre natureza e espirito.

O ponto que buscamos elucidar e que apresentase partialmente colocado deverá ser revisto duplamente. O primeiro movimento de revisão da questão posta refere-se ao próprio processo de secularização que determina-se como uma crescente e pujante ação convergente de Sistemas e conceitos. Quando nos propusemos a este trabalho, o método que se colocava e praticamente se impunha era o de estabelecer os grandes movimentos do processo de Secularizaqao e a partir da elucidação destes grandes movimentos nos aproximariamos do conceito de substância na busca de estabelecermos a sua transformação em cada período significativo da história da filosofia. Com isto nos defrontamos com a fragmentação da Igreja Católica, o que impunha o estudo da Patrística e do Tomismo, nos defrontamos antes com o advento do estado racional, na sequência vislumbra de as duas navegações da filosofia (Garcia Morente, 1952). Enfatizamos que o sentido de abordagem da filosofia grega deu-se em virtude do fato que a racionalidade grega, por mais que estivesse imbuída de processos mágico manticos, era a razão função determinada de um processo que se via como pensamento puro, e portanto secularizado por princípio. A abordagem da razão e da substancia grega não é fato unicamente histórico e processualmente determinado como o lançamento realista de uma visão que quer ser secularizada em uma sociedade fadada ao mito e aos deuses como determinadores que se dão em paralelo a razão mesma. Identificamos os aspectos históricos como fio condutor de um pricesso que se mostra aos indivíduos como que desvinculado dos deuses em uma sociedade em que os deuses são determinadores de tudo.

O que determinaria um periodo que chamamos de Realismo e a passagem ao subjetivismo Cartesiano como fruto do processo de secularização mesmo da filosofia em si e por si, e das sociedades que o constrói e recebe. Desta maneira, quando chegamos a questão da substância, já haviamos posto e determinado o pano de fundo para vislumbrarmos a transformação do conceito de substância. De nada nos valeu a compreensão do conjunto dos grandes movimentos do processo de secularização, pois a permanência do conceito de substância, como Heidegger vislumbra, como já dissemos, a permanência da ARCHE Aristotélica, D'us como queiram alguns, determinasse como que assumindo uma dialética vertical de Santo Agostinho, relacionada diretamente a Razão. O segundo movimento de revisão da questão posta, faremos da única maneira pela qual concebemos a solução do problema levantado por Heidegger, pela introdução dos prejuizos como condição da compreensão do entendimento dos conceitos de substância, D'us, na ilustração ou no processo de secularização. Este é o ponto que o problema por nós levantado torna-se hermenêutico. Os prejuizos e a busca de sua reabilitação que Gadamer busca proceder no seu Verdad y Método,

1984, estabelecese como que fundamental para compreendermos a emigração de conceitos para a filosofia Cartesiana. Não nos interessa discutir a legitimidade dos prejuizos, nem .tão pouco buscarmos uma forma positiva dos prejuizos que a. ilustração elaborou desde a sua visão crítica estabelecida pelo processo metódico da dúvida hiperbólica. Nesta altura, qual seria a forma assumida pelos prejuizos:

> *Por lo que se refiere a la división de los prejuicios en prejuicios de autoridad y por precipitación (Gadamer, 1984, p. 345).*

Retolando a idéia cartesiana de método que achava que o uso metódico e disciplinado da razão era suficiente para proteger a investigação de qualquer erro:

> *La precipitación es la fuente de equivocación que induce o error en el uso de la propia razón: la autoridad en cambio es culpable de que no se llegue siquiera a emplear la propia razón. La distinción se basa por lo tanto en una oposición excluyente de autoridad y razón (Gadamer, 1984, p. 345).*

Quando, desta feita, chegamos ao par excludente autoridade e razão, como Gadamer ressalta, fica evidente a impossibilidade Cartesiana da definição da razão, tendo em vista a já por nós reconhecida permeabilidade e migração de conceitos clássicos da filosofia para sua filosofia moderna cartesiana mesma.

> *Sin enbargo, no hay duda de que la verdadera consecuencia de la ilustración no esta sino mas bien su contraria: la sumisión de toda autoridad a la razón. El prejuicio de precipitación ha de entenderse en consecuencia mas bien al modo de Descartes, como fuente de errores en el uso de la razón. Concuerda com esto el que la vieja distinción retorna, con um sentido alterado, tras la victoria de la ilustración (Gadamer, 1984, p. 346).*

A oposição se da, desta feita, via prejuízo de autoridade entre fé e razão. Esta oposição apresenta-se então muito mais como um pretexto na medida em que somente poderíamos ser permeáveis a um único tipo de razão, a razão divina, que otomismo estabeleceria como elemento balizador das ações humanas, contrariando qualquer outra alternativa de balizamento racional com base unicamente no homem. As exclusões que Descartes estabelece, apesar do radicalismo de seu pensamento, tem a ver com as coisas da moral. Desta maneira, o radicalismo Cartesiano traz toda a sua evidência num duplo movimento em que a radicalidade se faz presente no Descartes Matemático e fica constatada a sua hesitação nas atitudes do Descartes Metafisico.

> *Descartes, não obstante as suas antecipações, acabou por esquecer os problemas do contínuo, num conflito que*

não nos parece tão fácil de classificar como verificando-se entre a atitude do filósofo e do matemético, porque já na atitude do filósofo as hesitações são marcadas (Fraga, 1988, p. 21).

Se as hesitações são marcadas como o professor Gustavo Fraga salienta, também é bem verdade que Descartes assume a concepção de existência de um D'us infinito intensificando a concepção Escolástica mesma.

Por Outro lado, identifica a verdadeira infinitude (não quantitativa) e a perfeição, intensificando, porém, mais que a Escolástica, o sentido em que D'us se diz infinito. Por esse sentido, nada existe que seja independente dela, na ordem da existência e na ordem da verdade, como destacam as respostas às Sextas Objeções, de acordo com a teoria da criação das verdades eternas, formuladas em relação aos principios metafísicos da física e da matemática (Fraga, 1988, p. 18).

Neste momento, podemos nos aperceber da grande distinção estabelecida por Descartes da 'Primeira navegação filosóica estabelecida pelos Gregos', é que da concepção de Perfeição grega relativa a idéia de limitado, conforme os Pitagóricos gregos determinavam, Descartes assume a idéia de perfeição no ilimitado, intensificando a concepção Escolástica e projetando a sua filosofia muito mais a determinação das ciências matemáticas, como as series infinitesimais, a geometria analítica, de maneira que a verdade não quantitativa projeta a verdade divina e do quantitativo à verdade humana estabelecida por intermédio de um possivel sujeito determinador daquela verdade. O que nos leva a concluir acerca do Postulado Cartesiano que direciona-se muito mais à idéia do que a substância. A idéia seria 'Primum' absoluto em D'us e subjetividade no homem.

Com isto posto, caberia, no projeto Cartesiano, a afirmação de totalidades infinitas, como idéia de um ser ilimitado e sua distinção relacionada a ação humana relativa a matéria divisivel. A matéria divisivel prenuncia a consequente ação cada vez mais especializada do homem como ser quantificador.

Distinção absolutamente identificável e relativa a Aristételes, que se contentava na ação categorial de conhecer. Descartes, não, amplia o conhecimento a ação do pesquisador, mesmo que tenha como limite as totalidades infinitas:

> Descartes não recua perante a afirmação de totalidades infinitas, e de que é impossivel dominar o infinito quantitativo. A matéria é divisivel ao infinito e, se não podemos enumerar todas as partes em que se divide, é possivel a Deus faze-lo, o que supõe essa divisibilidade num sentido actual: nós, pelo contr[ario, só concebemos que a matéria é divisível ao infinito, mas o nosso espirito não é capaz de compreender a actualidade da sua

infinitude (como não é capaz de compreender a infinitude de Deus)' (Fraga, 1988, p. 19).

A atualidade da compreensão da infinitude da matéria a ser compreendida distingue o campo de ação do homem, projetando-o num sempre crescendo, num sempre mais próximo de um campo cada vez mais distante. Buscando se aperceber do quantitativo e relegando o qualitativo a capacidade experiencial do sujeito, que buscaria desta maneira fixar as propriedades, qualidades ou atributos.

Desta maneira a experiência se constrói a partir de um projeto que se determina numa prática que quantifica como forma de aproximação conotativa do ideal, de D'us e qualifica por intermédio de um conhecimento em construção que cada vez mais se distanciava do Aristotelismo Medieval.

Não era mais possivel manter o aristotelismo segundo a sua versão medieval, como repositório quase filológico de um saber comentado e não problematizado na experiência. Começa então a preencher-se, na secularização, a figura Cristã da consciência da infinitude, que ia substituir-se ao compromisso com aconsciência limitada e que na limitação defendia a sua verdade. O acto e a potência transformava-se, na dialética da relação de Deus ao mundo (Fraga, 1988, p. 22).

O que o processo de secularização ganha a partir da efetivação do projeto Cartesiano é uma clara distinção entre a consciência do infinito que se estabelece como parâmetro a Metafisica, mas que projeta a condição de uma limitação que apequena o homem quando relacionado a D'us, mas o enaltece quando estabelece-se como parâmetro de em si mesmo. A teoria do conhecimento, desta feita, liga-se a tese da realidade singular, com limitação deste singular.

> *A primazia absoluta do singular liga-se a tese de que toda a realidade é singular e de que o universal é simpliciter posteriorus; os predicamentos são 'coordinationes signorum' e não de coisas reais a substância e a quantidade, sendo a quantidade um conotativo ou, como em Descartes, modo da substância extensa. Por outro lado, como a matéria não é pura potência, há conhecimento intelectual do singular (Fraga, 1988, p. 36).*

A 'res extensa' desta maneira como Heidegger enfatizou, estaria a quantidade como conceito conotativo e a substância e a qualidade como atributos percebidos a partir de um sistema experiencial com vias a fixar o qualitativo da substância. O que o cartesianismo obteve de fato no transcorrer de seu processo foi o de fixar a idéia de substância como uma das parcelas, como uma das etapas de entendimento do próprio sujeito e da 'coisa' analisada com vias à fixação de conceitos e leis que igualassem a partir de um processo experiencial que deveria se estruturar a partir de elementos inegáveis ao processo de dúvida hiperbólica. A cisão que decorre desta alternativa fixa uma Metafísica que inicia o processo de perda de sua ingerência sobre a ciência moderna nascente.

CONCLUSAO

O Processo de secularizaqéo, visto nesta sequencia identificamos como como um palmilhar de crescente radicalização que determinou-se como fonte das revoluções modernas endo em vista a 'res extensa' enfatizada e tendo em vista a quantidade como conceito conotativo e a substância e a qualidade como atributos percebidos a partir de um sistema experiencial com vias a fixar o qualitativo da substância; A duplicidade do poder fruto do conflito estabelecido entre o Estado Nacional e a Igreja Catélica expôs a metafisica realista a um processo de depuração. Esta, por sua vez, estava sob a égide das discussões teológicas, no seio da Igreja Católica, como fruto do conflito entre a Patrística e o Tomismo. A legitimação do processo de desequilibrio entre o poder do estado nacional nascente e o Poder da Igreja Romana, o temos por intermédio das teses tomistas. O movimento pelo qual se articularão as teses tomistas tem seus pontos demarcadores tanto na tradição Grego Aristotélica como nos ensinamentos de Moisés, estabelecidos por intermédio das 'Lex' que serão constituidas por Tomás, por meio de uma mediação sistemática a partir do Evangelho de João (Gadamer, 1984, p. 506). As 'Lex' ('Lex Aeterna', 'Lex Naturalis', 'Lex Humana' e 'Lex Divina') estariam constituidas como perscrições, determinações que teriam como primeira via evitar o mal identificado por Tomás como a 'liberdade'. A liberdade, para Tomás de Aquino, é a raiz de todo o mal, mas é também esta liberdade, vista como contingência,que levaria a efetivação o poder do Príncipe.

O processo de secularização, visto então por intermédio do conflito entre o Estado Nacional e a Igreja Católica, projeta a mudança dos atores políticos. A Metafísica Realista consubstânciada em Sao Tomás versus o poder Laico consubstânciado em Maquiavel projetaram a mudança da cena política, sem que a metafisica fosse transformada. A Metafísica entraria então como sujeito da discussão quando do processo de fragmentação da Igreja Católica. Os dois Sistemas, a Patrística e o Tomismo, baseavam-se, o Tomismo na ascensão do indivíduo como fruto das duas tendências, uma para o bem e a outra como inefável tendência para o mal; a Patrística concebia a natureza como perversão, e a salvação do homem ocorreria apenas pela misericordia divina. O embate entre os dois sistemas, em nenhum momento estabeleceu-se como que criando uma alternativa para a Metafisica ou para a Ontologia. O embate sim, serviu aos novos atores politicos, que langando mão das discensões dentro do corpo da Igreja Romana, abriram espaço para a ascensão do individuo. As argumentações teológicas que expuseram a ruptura da igreja, por intermédio das 151 Teses de Karlstands e mais adiante as 91 Teses de Lutero abriam uma possibilidade de retorno ao Cristianismo primitivo, e este Cristianismo teria em Santo Agostinho a sua inspiração. A necessidade expressa pelos teólogos protestantes abria uma brecha quase que antimetafisica na medida que propugnava pela experiência bíblica em toda uma intensidade que cindia muito a gosto dos principes Alemâes, o reino de D'us e o Mundo. O processo de secularização abria espaço para a contextação da metafísica, mas deixava uma lacuna. A Metafísica Realista permaneceria intocada, primeiro pelo desinteresse dos Príncipes, segundo pela Fé, que não via possibilidade para discussões que não tivessem o seu préprio filtro.

Manuel Garcia Morente chama a Metafisica Realista de primeira navegação filosófica e a Metafisica Subjetivista Cartesiana de segunda navegação filosófica. Estes dois momentos da filosofia se relacionam por intermédio do processo de secularização que abre as lacunas necessárias para a sua consubstanciação. A primeira navegação, a filosofia Realista baseada em Aristételes, estabelecia a estrutura do ser dividida na estrutura do ser em geral, da estrutura da substância e da estrutura da realização. Os problemas pleiteados por Aristételes são guiados para uma ontologia e por uma lógica que poderíamos dizer antimetafisica. Desta maneira, a substância como o segundo movimento perscrutador da estrutura do ser, é o que existe, mas é por intermédio da realização que chegamos a substância e é neles (realização e substância), que Aristóteles concebe o mundo das coisas tangiveis e visíveis como que sendo ao mesmo tempo um mundo inteligente. O conhecimento desta maneira, para Aristóteles e para a Metafísica Realista, significaria formar conceitos e aplicar estes conceitos a cada coisa individual. E é esta teoria do conhecimento que chegará ao periodo moderno por intermédio da Igreja Católica Romana, por intermédio do Protestantismo e por intermédio também do Estado Laico, cada uma destas esferas utilizando os aspectos Metafisicos, Filosóficos e Cientificos que mais interessavam.

Se a cena da Modernidade Politica e Religiosa se constituia no século XVI, é no século XVII que os problemas filosóficos exigen novas colocações. Não era mais possível replantar ou retroceder num sistema que chegava ao seu limite e esgotamento. Para tanto chegamos a Segunda navegação, e o 'Método' baseado no 'cuidado' imprime seu selo no pensamento moderno. A duvida convertida em método, contexta os conceitos infindáveis e suas infindáveis aplicações nas coisas individuais. Descartes percebe o quanto vazias eram estas infindáveis aplicações e nominações. A dúvida convertida em método é duvida do abrangente, é duvida dos métodos utilizados até entao. Essa é a grande postulação do processo de secularização levado a efeito pela modernidade cartesiana que propugna pela introjeção no individuo a condição mesma de entendimento do mundo, do seu mundo, do meu mundo. Esta postulação voltada para o indivíduo teria então, no estado e no príncipe a sua estrema condição de identidade. Se o estado é a expressão do príncipe levada ao extremo frente a ela aparece o indivíduo, que sem pedir licença aos poderosos religiosos também ele mesmo quer entender d'us, o seu d'us. A pergunta que Descartes buscará responder não se direciona mais para o mundo (o que é que existe), mas redireciona-se para o sujeito observador do mundo, buscando responder quem existe.

Mas antes, a pergunta 'o que é que existe' é uma pergunta que buscava saber sobre a substância do que existia, o mundo mesmo, desta maneira, como a idéia de substância construiu-se para chegar então a Descartes? Para Platão a substância era o produto do 'Bem' como fundamento das idéias cognosciveis, para Aristóteles a substância era a essência, o universal, o genero e o sujeito, mas vistos e articulados enquanto matéria (hyle), formava e sinolo como conjunto matéria e forma. Desta maneira ainda, a substância era a forma como grau mais elevado do ser. Em Santo Agostinho a idéia de substância era muito próxima à teoria das categorias de Aristóteles e era considerada como predicamentos. Para Tomás de Aquino a idéia de substância era direcionada para a idéia de completude e incompletude, e desta maneira os anjos eram as substâncias completas enquanto a alma humana era incompleta. A idéia de substância em Descartes, com isto, apresenta-se como um salto significativo, que tendo a pergunta - QUEM EXISTE -, o que, logicamente, busca perscrutar esta idéia de substância por intermédio deste QUEM. Se Descartes buscava uma maneira de aproximação da idéia de substância pelo caminho negativo, esta ocorrerá como uma idéia de segunda mão?

Não, nunca, se estabelecendo independentemente do sujeito a substância percebida é sempre impressão da substância e sujeito de primeira mão, sempre. De outra maneira, substância seria qualquer propriedade, qualidade ou atributo cuja idéia esta em nós. Desta maneira chegamos a condição de que a idéia de substância sai do mundo para o sujeito aproveitando o processo de secularização na busca do indivíduo, sujeito detentor da sua própria razão, independente dos designios divinos. Se o advento do sujeito, no processo de contraposição à Metafisica Realista ccnsubstância a capacidade do sujeito na definição do mundo, Descartes esbarra em uma ambiguidade (Heidegger, 1984, p. 104). A solução apresenta-se como hermenêutica no que se refere a própria permeabilização do termo via processo de secularização até a filosofia Moderna. No entanto os prejuízos explicam apenas o trânsito e a migração dos conceitos, permanecendo a oposição entre fé e razão, que necessariamente deverá ser solucionada. As hesitações (Fraga, 1988), constatadas no Descartes filósofo, não são verificadas no Descartes Matemático, e isto se deve ao fato de podemos nos aperceber desta maneira de um duplo movimento em Descartes, sendo que um deles, intensifica a concepção escolástica. A solução apresentada por Descartes para o problema da substância então, projeta-se para as 'totalidades infinitas' (Fraga, 1988), e para a compreensão da infinitude da matéria, buscando se aperceber do quantitativo e relegando o qualitativo a parcela experiencial do sujeito, de fixar as propriedades da substância, a matéria. O que se conclui sobre o processo de secularização, tendo Descartes como um de seus expoentes, se não o principal, é que a modernidade por esta via efetiva projeta a consciência do homem no infinito, que desta maneira se estabelece como outro parémetro à Metafisica. A 'res extensa', como destaca Heidegger, como quantidade ilimitada e infinita, traz consequencias para a filosofia moderna de uma maneira tal que podemos estabelecer para a teoria do conhecimento resultante radicalmente oposta e manifesta nos contrários: qualidade x quantidade.

Bibliografia 1

ADORNO, Theodor Wilhelm. *Estética*. Lisboa: Edições 70, 1989.

ADORNO, Theodor Wilhelm. *Mínima Morália*. São Paulo: Editora Ática, 1993.

ADORNO/ HORKHEIMER. *Dialética do esclarecimento*. Rio de Janeiro: Editor Jorge Zahar, 1985.

ADORNO/ HORKHEIMER. *Textos Escolhidos*. Rio de Janeiro: Editora Nova Cultural, 2000.

ALBERICO, Giusepper, Historia dos Concílios Ecumênicos, Editora Paulus, São Paulo, 2011.

ALMEIDA, Vieira. *Lógica Elementar*. Coimbra: Editora Américo Amado, 1961.

ALMOYNA, Júlio Martínez, 1988, Dicionário de EspanholPortuguês, Porto, Porto Editora.

ALSINA, *El Pensamiento griego Arcaico*. Madrid: s/editora, s/data

AMENGUAL, Gabriel, La Filosofía del Derecho de Hegel como Filosofía de la Libertad, 1988 Ed. *Taula*.

ANDERSON, Perry. *Considerações Sobre o Marxismo Ocidental*. São Paulo: Editora Brasiliense, 1989.

APEL, KarlOtto. *La Transformación de la filosofía*. Madrid: Editora Taurus, 1985.

APEL, KarlOtto. *O Desafio da Crítica total da razão e o programa de uma teoria dos tipos de Racionalidade*. São Paulo: Revista CEBRAP, p.67 a 84, n.23, março de 1989.

APEL, KarlOtto. *Una Ética de la responsabilidad en la Era de la Ciencia.*Buenos Aires: Editora Almagesto, 1992.

ARANTES, Otília, 2001, Urbanismo em fim de linha, São Paulo, EDUSP.

ARAUJO SANTOS, Francisco de. *Emergência da Modernidade.* Petrópolis: Editora Vozes, 1990.

ARISTOFANE. *Le Nuvole Le Rane.* Milano: SocietàEditriceSonzogno, 1908.

ARISTOFANES y MENANDRO. *Comédias Completas, As Vespas.* Madrid: Aguilar, 1979.

ASSOUN, PaulLourent. *A Escola de Frankfurt.* São Paulo: Editora Ática, 1991.

BACHELARD, Gaston. *A psicanálise do Fogo.* Lisboa: Editora Litoral, 1989.

BAUDOIN, Charles.*Psicoanálisis del Arte.* Buenos Aires: Editora Psique, 1955.

BERRY, Bryan. La justicia como imparcialidad. Buenos Aires: Editorial Paidós, 1997.

BERRY, Bryan. Theories of Justice: a treatise on social justice. Volume 1. Berkeley: University of California Press, 1989.

BESSE, Guy e Maurice Caveing.PULITZER Princípios Fundamentais e Filosofia, Ed Hemus, São Paulo, 1995.

BILBENY, Norbert. *Filosofia Contemporânea a Catalunya.*Barcelona: Editora Punt / Edhasa, 1985.

BLEICHER, Josef. *Hermenêutica Contemporânea.* Lisboa: Edições 70, 1992.

BONAVIDES, Paulo, Curso de Direito Constitucional. São Paulo, Ed. Malheiros, 2003.

BRANDÃO, Junito de Sousa. *Mitologia Grega.* Petrópolis: Vozes,

1994.

BRAS, Gérard. *Hegel e a Arte*. Rio de Janeiro: Jorge Zahar Editor, 1990.

BUSTAMANTE, Laura Pérez, Hacia una nueva técnica legislativa, El ejemplo ambiental, Buenos Aires, Editora FEDYE, 2013.

BUSTAMANTE, Laura Pérez, Los Derechos de la Sustentabilidad, Desarrollo, consumo y ambiente, Buenos Aires, Editora Colihue, 2007.

CANOTILHO, J. J. Gomes, Direito Constitucional e Teoria da Constituição, Coimbra, Ed. Almadina, 1999.

CHOAY, F., 1970, El Urbanismo, Utopías Y Realidades; Barcelona, Editora Blumen.

CIRNELIMA, Carlos Roberto Velho. *Sobre a Contradição*. Porto Alegre: Edipucrs, 1993.

COHEN, Joshua. For a Democratic Society. In: The Cambridge Companion to Rawls. New York: Cambridge UniversityPress, 2003.

COLLI, Giorgio. *La Sabiduría Griega*. Madrid: Editorial Trotta, 1995.

CORNFORD, Francis M. *La Teoria platonica del Conocimiento El Teeteto y el Sofista, traducción y comentarios*. Buenos Aires, Paidos, 1966.

CORNFORD, Francis M. *Platón y Parménides*. Madrid: Visar, 1980.

CORRÊA, Roberto Alvim, 1965, Dicionário FrancêsPortuguês, Rio de Janeiro, Editora Revista dos Tribunais.

CUVILLIER, Armand, 1986, Vocabulário de Filosofia. Lisboa: Editora Livros Horizontes.

DANIELS, Norman (Org.). Reading Rawls, 'Theory of Justice'. Stanford: Stanford University Press, 1989.

FARIA, Ernesto. 1956, Dicionário Latino Português. Rio de Janeiro: Editora MEC.

FARINATI, Alícia Noemí, Las filosofías de la Democracia, Políticas de la Desigualdad, Buenos Aires, Editora FEDYE, 2015.

FERNANDES, Francisco e Censo Pedro Luft, 1952, Dicionário de Português, São Paulo, Editora Globo.

FERREIRA, Samir Dessbesel. O Construtivismo Kantiano na Teoria da Justiça como Equidade de John Rawls, Sem Editora, Santa Maria, 2006.

FORST, Rainer, Contextos de Justiça, Editora Rial, São Paulo, 2004.

FOUCAULT. Michel, As Palavras e as Coisas, São Paulo, Ed. Martins Fontes, 2002.

FREIRE S.J., Antônio, 1987, Gramática Grega. São Paulo: Editora Martins Fontes.

GONCHAR, Joann, 2012, Architectural Record, September– Building Envelopes – CEU, Revival of an Icon – The United Nations renovation team brings back the longfaded luster of the Secretariat while satisfying ambitious performance goals, AIA.

GREGORIM, Clóvis Osvaldo, 1989, Moderno Dicionário da Língua Portuguesa, São Paulo, Editora Melhoramentos.

GRUBE, G.M.A. *El Pensamiento de Platon*. Madrid, Editora. Gredos, 1987.

GRUBE, G.M.A., 1987, El Pensamiento de Platón, Madrid, Editora Gredos.

HATJE, G, 1964, Dictionnare de L'Architecture Moderna, Paris, Editora Hazan.

HESSEN, Johannes, 1980, Filosofia dos Valores, Coimbra, Editora Arménio Amado.

KOIRÉ, Alexandre. *Introdução a Leitura de Platão.* Lisboa, capitulo 4, Editorial Presença, S/D.

KRAEMER, Hans. *Platone e i Fondamenti della Metafisica.* Milano, Editora. Vitta e Pensiero,1989.

LURKER, Manfred. 1993, Dicionário dos D'uses e Demônios, São Paulo, Editora Martins Fontes.

MAGALHÃES VILHENA, Vasco de. *O Problema de Sócrates O Sócrates Histórico e o Sócrates de Platão.* Lisboa, Editora Fundação Calouste Gulbenkian, 1984.

MAIRE, Gaston. *Platão.* Lisboa, Edições 70, 1986.

MALUF, Sahid, 2010, Teoria Geral do Estado, São Paulo, Editora Saraiva.

MIAILLE, Michel, Une introduction critique au droit, Paris, ed Françoise Maspero, 1976.

MORA, Ferrater, 1951, Dicionário de Filosofia. Buenos Aires, Editorial Sudamericana.

MORENTE, Manuel Garcia, 1952, Lecciones Preliminares de Filosofia, Buenos Aires, Editora Losada.

NOZICK, Robert. Anarquia, Estado e Utopia, Zahar Editores, Rio de Janeiro,1974.

OLIVEIRA, Luciano, Manual de Sociologia Jurídica, Petrópolis, Ed. Vozes, 2015.

PEREIRA S.J., Isidro, 1990, Dicionário Grego – Português, Braga,

Editora Apostolado da Imprensa.

PETERS, F. E., 1983, Termos Filosóficos Gregos, Lisboa, Fundação Calouste Gulbenkian.

PEUSNER, Nikolaus, 1977, Dicionário e Enciclopédia da Arquitetura, Rio de Janeiro, Editora Artenova.

PLATÃO. *A Republica*. Lisboa, Editora Calouste Gulbenkian, 1993.

PLATÃO. *A Republica*: Livro VII. Brasília, Ática e Editora UNB, 1981.

PLATÃO. *Diálogos Fédon, Sofista, Político*. Rio de Janeiro, Editora Tecnoprint, S/D.

PLATÃO. *Diálogos II Fédon, Sofista, Político*. Porto Alegre, Editora Globo, 1955.

PLATÃO. *Diálogos Menon, Banquete, Fedro*. Rio de Janeiro, Editora Tecnoprint, S/D.

PLATÃO. *Diálogos*. Madrid, Editora Orbe Padilla, 1962.

PLATÃO. *Êutifron, Apologia, Críton*. Lisboa ,Editora Imprensa Nacional Casa da Moeda, Ed. 2, 1990.

PLATÃO. *Górgias*. São Paulo, Editora Diefel, 1970.

PLATÃO. *Hípias Menor*. Coimbra, Editora Instituto Nacional de Investigação Científica, 1990.

PLATÓN. *Diálogos III Fedón, Banquete, Fedro*. Madrid, Editora GREDOS, 1988.

PLATÓN. *Diálogos V, Parménides, Teeteto, Sofista*, Político. Madrid, Editora GREDOS, 1988.

PLATÓN. *Diálogos, Obras completas*. Madrid, Editora Aguilar, 1993.

PONTUAL, R., 1969, Dicionário das Artes Plásticas no Brasil; Rio de Janeiro, Editora Civilização Brasileira.

RAWLS, John. Justiça como equidade. Trad. Claudia Berliner e Álvaro de Vita. São Paulo: Martins Fontes, 2003.

RAWLS, John. Justiça como Equidade: uma concepção política, não metafísica. Lua Nova, n° 25, p. 2559, 1992.

RAWLS, John. Lectures on the History of Moral Philosophy. Harvard University Press: Cambridge, 2000.

RAWLS, John. O construtivismo kantiano na teoria moral. Justiça e Democracia. Patemot. São Paulo: Martins Fontes, 2000.

RAWLS, John. O Direito dos Povos, São Paulo, Editora. Martins Fontes, 1 a edição, 2001.

RAWLS, John. O Direito dos Povos, São Paulo, Editora. Martins Fontes, 1 a edição, 1999.

RAWLS, John. O Liberalismo Político. Trad. Dinah de Abreu Azevedo. São Paulo: Ática, 2000.

RAWLS, John. Uma Teoria da Justiça, São Paulo, Editora Martins Fontes, 2000.

RIBEIRO, Darcy. As Américas e a Civilização, São Paulo, Companhia das Letras, 2007.

SCISLESKI, Andrea e Neusa Guareschi, Marginalidade Social e Direitos Humanos, Porto Alegre, Edipuc, 2015.

SILVA, José Afonso da. Aplicabilidade das Normas Constitucionais, São Paulo, Editora Malheiros, 1998.

TEMER, Michel. Elementos de Direito Constitucional. São Paulo, Ed. Malheiros, 2001.

TOCHTROP, Leonardo, 1984, Dicionário AlemãoPortuguês, editora Globo, São Paulo.

VILLAÇA, Flávio, Uma contribuição para a historia do planejamento, São Paulo, EDUSP, 1999.

YUGEL, M., 1983, Urbanismo e Lazer, São Paulo, Editora Nobel.

ZUBARAN, Luiz Carlos, A Cidade em três tempos, Rio de Janeiro, Editora Barra Livros, 2014.

ZUBARAN, Luiz Carlos, A Gênese do Conceito de Verdade na Filosofia Grega, Canoas, Editora da ULBRA, 2004.

Referências bibliográficas 2

HEGEL, Georg W. F., 1969 (2), Introdução à Filosofia da História, Lisboa, Edições 70.

,1969, Enciclopédia das Ciências Filosóficas, em Epítome. 3 volumes, Lisboa, Edições 70.

,1983, Estética O Belo Artístico ou o Ideal, Lisboa, Editora Guimarães.

, 1985, Introducción a La Estética, Barcelona, Ediciones Nexus.

,1986, Introdução à História da Filosofia, Rio de Janeiro, Editora Tecnoprint.

,1992 (2), Fenomenologia do espírito II, Petrópolis, Editora Vozes.

,1992, Fenomenologia do espírito I, Petrópolis, Editora Vozes.

Referências bibliográficas 3

ANDORNO, R. (1998). Bioética y dignidad de la persona. Editorial Tecnos. Madrid.

BALEEIRO, Aliomar e de Barbosa Lima Sobrinho, 2012, trata de esta constituição amplamente, no trabalho Constituições Brasileiras, Volume V, do Senado Federal, da Secretaria especial de Editoração e

Publicações, da Subsecretaria de Edições Tecnicas, da Edição do Senado Federal.

BRAGE CAMAZANO, J. (2005). Los límites a los derechos fundamentales en los inicios del constitucionalismo mundial y en el constitucionalismo histórico español. Universidad Nacional Autónoma de México. México, D.F

CARRIO, M.E. y otros (1995). Interpretando la Constitución. Ediciones Ciudad Argentina. Buenos Aires.

CASSESE A. (1993). Los derechos humanos en el mundo contemporáneo. Editorial Ariel. S. A. Barcelona.

DETIENNE, Marcel. *A escrita de Orfeu*. Rio de Janeiro, Jorge Zahar, 1991

DETIENNE, Marcel. *Os Mestre da Verdade na Grécia Arcaica*. Rio de Janeiro, Jorge Zahar, 1988.

DÍEZPICAZO L. M. (2005). Sistema de Derechos Fundamentales. Segunda Edición. Editorial Aranzadi, S.A.

DONNELLY J. (1994). Derechos Humanos Universales. En teoría y en la práctica. Edit. Gernika, S.A. México. D.F.

FARITH, S. (2008). Derechos de la Niñez y Adolescencia: De la Convención sobre los Derechos del Niño a las Legislaciones Integrales. Tomo I. Cevallos editora jurídica. QuitoEcuador

HOOFT, P. F. (1999). Bioética y Derechos Humanos. Temas y casos. Ediciones Depalma. Buenos Aires.

HORKHEIMER, Max. *Dialética do Esclarecimento*. Rio de Janeiro, Editora Zahar, 1985.

HORKHEIMER, Max. *Horkheimer e Adorno*. São Paulo, Editora Nova Cultural, 1989.

HORKHEIMER, Max. *Teoria Crítica 1*. São Paulo, Editora Perspectiva, 1990.

HUERTAS DÍAZ, O. y otros (2007). El derecho a la vida en la perspectiva del derecho internacional de los derechos humanos. Grupo editorial Ibañez. Bogotá.

HUNT, Alan, THE THEORY OF CRITICAL LEGAL STUDIES, Oxford Unhrersity Press 1986 Oxford Journal of Legal Studies Vol. 6, No. 1 Downloaded from ojls.oxfordjournals.org by guest on January 16, 2011.

MAZZINGHI, J. A. La Interrupción del Embarazo: El Aborto. Tomado de la obra 'La Persona Humana' de Guillermo Antonio Borda. Editorial La Ley. S.A.

PANNÉ, JEANLOUIS. e ANDRZEJ PACZKOWSKI, KAREL BARTOSEK, JEANLOUIS MARGOLIN (1999), Lê livre noirdu communisme, Editora BERTRAND, Rio de Janeiro.

PÉREZ LUÑO, A. E. (1988). Los derechos fundamentales'. 3ª ed. Tecnos. Madrid

REQUEJO CONDE, C. (2008). Protección penal de la vida humana. Especial consideración de la eutanasia neonatal. Editorial Comares. Granada.

RODRÍGUEZ SANABRIA, V. (2007). Estudios acerca del honor como objeto de protección penal. Grupo Editorial Ibañez. Bogotá.

ROMEO CASABONA, C. M. (1994). El derecho y la bioética ante los límites de la vida. Editorial Centro de Estudios Ramón Arece, D.L.

SIMON F. (2008). Derechos de la Niñez y Adolescencia: De la Convención sobre los Derechos del Niño a las Legislaciones

Integrales. Tomo II. Cevallos, editora jurídica. QuitoEcuador.

TRUYOL Y SERRA, A. (2000). Los Derechos Humanos. Editorial Tecnos. Madrid

VAINER, Bruno Zilberman. BREVE HISTÓRICO ACERCA DAS CONSTITUIÇÕES DO BRASIL E DO CONTROLE DE CONSTITUCIONALIDADE BRASILEIRO Revista Brasileira de Direito Constitucional – RBDC n. 16 – jul./dez. 2010 179

VERGÉS RAMÍREZ, S. (1997). Derechos Humanos: Fundamentación. Editorial Tecnos S.A. Madrid.

Referências bibliográficas 4

ARISTGTELES. Ética a Nicômaco. São Paulo, Abril Cultural, 1978. A

ARISTÓTELES . Topicos. Sao Paulo, Abril Cultural, 1978.

CHÂTELET, Frangois. s.d. s.ed., (copia xerox).

CORREIA DA SILVA, Armando e outros. O esgago interdiscigliBlinar. Sao Paulo, Nobel, 1986.

DESCARTES. Meditagées sobre a filosofia primeira. ` Coimbra, Almedina, 1988. '

FERRATER MORA, José. Diccionario de Filosofia. Buenos Aires, Sudamericana, 1951.

FRAGA, Gustavo. Introduqao as meditagoes sobre a filosofia primeira. Coimbra, Almedina, 1988.

GADAMER, Hans Georg. Verdad y Método. Salamanca, GraficaOrtega S.A., 1984.

GARCIA MORENTE, Manuel. Lecciones preliminares de filosofia. Buenos Aires, Losada S.A., Universidad de Tucuman, 1952.

GARRIGON LAGRANGE, P. Reginald, O.P. El sentido comin. Buenos Aires, Desdée de Bronwer, 1921.

GRUBE, G.M.A. El Eensamiento de Platén. Madrid, Gredos S.Aw 1987.

HEIDEGGER, Martin. El ser y el tienpo. México, Fondo deCultura Economica, 1980.

JASPERS, Karl. Introdugao ao pensamento filosofico, 4.ed,São Paulo, Cultrix, 1965. `

LE SENNE, René. Introdugao a filosofia. Porto Alegre, Globo, 1965.

NUNES, Benedito. Introdugao a filosofia da Arte, 2.ed. São Paulo, Atica, 1989.

PALMER, Richard E. Hermenéutica. Lisboa, Edigdes 70, 1969.

RAMSON GILES, Thomas. 1984.

REALE, Giovanni. Historia da filosofia. Sao Paulo, Paulinas .199O. I

STEGMULLER ,Wolfgang. A filosofia contemporénea. Sao Paulo, EPU, 1977. `

ROSS, David. Aristóteles . Lisboa, Publicagoes Dom Quixote, 1987. `

ROSS, David. Teoria de las ideas de Platon. Madrid, Ediciones Catedra, 1989.

SANTO AGOSTINHO. Confissoes, 4.ed. Sao Paulo, Nova Culunal, 1

SOBRE O AUTOR

Luiz Carlos Zubaran é Arquiteto. Mestre em Filosofia e Doutor em Arquitetura.

Possui graduação em Arquitetura e Urbanismo pela Universidade do Vale do Rio dos Sinos (1988); Mestrado em Filosofia pela Pontifícia Universidade Católica do Rio Grande do Sul (1997); Doutor em Arquitetura pela Universidade de Coruña em 2015, defesa da Tese em janeiro de 2016 (SOBRESALIENTE CUN LAUDE). Iniciou o Doutorado em Direito Constitucional na UNIVERSIDADE DE BUENOS AIRES - UBA, na 'Faculdad de Derecho' em Janeiro de 2016. Desenvolve atualmente o projeto de investigação em Direito Constitucional na Universidade de Buenos Aires.

Professor da Universidade de Passo Fundo de 1995 a 1997, professor adjunto da Universidade Luterana do Brasil de 1995 até 2006. Conselheiro do Curso de Arquitetura de 2000 a 2006 da ULBRA - RS e coordenador do Centro de Documentos Iconográficos. Professor do MBA da Faculdade IERGS-RS. Coordenou e relatou na Assembleia Legislativa do Estado do Rio Grande do Sul, em 2008, a Comissão de Infraestrutura e Saneamento - do Fórum Democrático. Foi conselheiro do CONSET – Conselho de Ciência e Tecnologia de Porto Alegre e CONDEPA – Conselho dos Deficientes de Porto Alegre em 2008 e 2009. Trabalhou na Secretaria Municipal de Segurança, na área de Pesquisa e formação e na chefia de gabinete da Secretaria Adjunta de Segurança. Atualmente atua como empresário e dono do Instituto Kabel de Educação Superior. Como urbanista trabalha no desenvolvimento do conceito de "REGENERATIOS URBAN CELL".

CONTATOS: zubaran300@gmail.com